ME OLVIDÉ DE MORIR

Khalil Rafati

ME OLVIDÉ
DE MORIR

URANO
Argentina – Chile – Colombia – España
Estados Unidos – México – Perú – Uruguay

Título original: *I Forgot to Die*
Editor original: Lioncrest Publishing, Austin, Texas
Traducción: Sergio Lledó

1.ª edición Marzo 2018

ISBN: 978-84-16720-21-7
E-ISBN: 978-84-17180-50-8
Depósito legal: B-3.932-2018

Fotocomposición: Ediciones Urano, S.A.U.

Impreso por: Rodesa, S.A. – Polígono Industrial San Miguel – Parcelas E7-E8
31132 Villatuerta (Navarra)

Impreso en España – *Printed in Spain*

Estaré eternamente agradecido a Hayley Gorcey, cuyo amor, paciencia y comprensión bendijeron mi vida y la cambiaron.

También tengo que dar las gracias a Rick Rubin por ser un gran mentor, catalizador y fuerza motriz en mi vida, y a Neil Strauss, un extraordinario profesor, editor y amigo, que me ha insuflado el coraje necesario para escribir este libro.

Finalmente, estoy plenamente agradecido a Jeremy Brown, Zach Obront, Tucker Max y a toda la cuadrilla de Book in a Box por ayudarme a hacer realidad este sueño.

1

Verano del 2001

«Si no buscas ayuda, morirás.»

Entro y salgo de mi estado de inconsciencia mientras intento enfocar la visión en la figura que se cierne sobre mí.

«Morirás si no buscas ayuda.»

¡Ah, mierda! Ya sé de quién es esa voz. Al principio creía simplemente que había vuelto a sufrir una sobredosis y que algún sanitario entusiasta me daba un rapapolvos para intentar hacerme entrar en razón. Pero no tenía esa suerte. Se trataba de la voz del padre de mi novia.

¡Maldita sea! ¿Por qué lo dejó entrar?

La voz sigue despotricando sobre lo irresponsables que somos. ¿Cómo hemos podido permitir que vuelva a pasarnos esto de nuevo?

No para de repetirlo una y otra vez. Parece un disco rayado.

Ahora tengo los ojos abiertos, pero me abstraigo de su voz. Necesito evaluar la situación.

El padre de Jennifer está aquí y eso significa que toda la familia lo sabe. Me abro paso hasta el baño con mucho esfuerzo.

¡Joder! Parece que haya explotado una bomba. Hay jeringuillas y sangre por todas partes. Me derrumbo contra la pared un par de veces. Nadie parece percatarse ni preocuparse por ello. Me acaricio el hombro y noto un parche.

Mierda, no me extraña que no tenga el mono todavía. Llevo un Duragesic de esos con un efecto de 72 horas.

Gracias a Dios. Con esto podré capear el temporal hasta que Jennifer se libre de su padre y de su hermana pequeña.

Me topo con una nube de moscas en mi recorrido hasta el váter. Hay botellas de Gatorade repletas de una orina de color oscuro. Levanto la tapa. Vaya, eso explica que haya tantas moscas. El casero debe de haber vuelto a cortarnos el agua.

Meo en el lavabo. En el borde hay un cortacutículas, unas tijeras, unas pinzas de punta, dos botes de agua oxigenada y una lata de disolvente de pintura.

Levanto la cabeza para mirarme en el espejo, lenta y cautelosamente. Me faltan trozos de carne en la mejilla izquierda y entre las cejas.

Tengo dos calvas en la cabeza, y la parte superior de la aleta de mi nariz derecha ha desaparecido.

En la pared hay unas palabras escritas en sangre con mis propias manos:

QUE DIOS ME AYUDE

Nací en Toledo, Ohio, en 1969, el año del Gallo, portador de la luz. Fui un niño prematuro, porque, como decía mi madre, mi padre «se enervaba», lo cual quiere decir que la maltrataba. Mi padre era palestino, pero en mi escuela todos lo llamaban «árabe de mierda», y mi madre era polaca, ambos inmigrantes de primera generación.

Había un viejo indio triste que siempre estaba sentado en una esquina de nuestra calle. El vecindario estaba lleno de personas de raza blanca con bonitos ojos, de color azul o verde. Todos eran blancos, menos mi padre y ese viejo indio. Mi padre era simplemente de piel morena, pero el suyo era un moreno rabioso. La piel del viejo indio era muy morena, pero se trataba de un moreno triste que prácticamente tenía un color rojizo. Cuando llovía yo siempre me ponía contento porque el hombre estaba muy sucio y así se aseaba. Todo el mundo salía corriendo, pero él simplemente se quedaba allí sentado. *La próxima vez que llueva no pienso salir corriendo, me quedaré quieto como el viejo indio y así me asearé.*

No conozco gran cosa respecto al pasado de mi padre, salvo que había nacido en una familia musulmana pobre de Jerusalén. Una vez le oí contar una historia sobre un día que hizo novillos y fue a jugar a casa de su primo. Cuando su padre se enteró, le pegó a toda la familia del primo, y luego hizo que mi padre recorriera a pie los 20 kilómetros que había de regreso a su casa, mientras mi abuelo iba en bicicleta detrás de él. Cada vez que se caía al suelo, este se bajaba de la bici y le propinaba una paliza.

Uno de mis familiares me contó con su inglés roto otra historia según la cual mi padre abandonó a su primera esposa e hijos en Palestina. Había emigrado a Alemania para ganar dinero y pensaron que no regresaría. Cuando volvió descubrió que su hermano se había casado con su esposa y tenían un hijo juntos.

Para cuando nací yo, cualquier atisbo de amor que mi padre hubiera sentido en su interior anteriormente había desaparecido por completo. La vida lo había endurecido. El mundo, tal como él lo conocía, era un infierno.

La vida de mi madre había sido peor incluso. Era niña cuando estalló la Segunda Guerra Mundial. Su padre murió en alta mar, luchando contra los nazis. Su madre intentó huir a Hungría, pero era muy difícil cruzar la frontera y hacerlo con un bebé resultaba prácticamente imposible, de modo que dejó a su hija en un portal y esta fue rescatada por las dos hermanas que vivían en aquella casa. Después, mi madre y estas dos hermanas serían deportadas a Ucrania, Kazajistán, Uzbekistán y, finalmente, a Siberia, donde las trasladaron a un campo de trabajos forzados para mujeres y niños. Mi madre nunca hablaba de aquellos tiempos, y cuando yo le preguntaba siempre decía: «El pasado pertenece al pasado y es mejor no removerlo». Pero en ocasiones, muy raras veces, mencionaba algún detalle, como que la obligaban a llevar un saco al cuello y a recoger trigo sin ayuda de herramienta alguna, o que vivían entre quince y veinte mujeres en una barraca minúscula con un anafe por toda calefacción y un cubo en el que todas ellas hacían sus necesidades. A veces el cubo se helaba debido al frío. La mayoría de las reclusas morían de hambre.

Rondaba la treintena cuando su marido y ella se marcharon a Estados Unidos, mucho después de que hubiera acabado la guerra. Tuvieron un hijo, pero su marido no tardó en abandonarlos para regresar a Polonia. Consiguió localizar a su madre biológica, mi abuela, que trabajaba de sirvienta para una familia adinerada de Toledo en Ohio.

Mi madre la llamó. «Voy a hacerte una visita», le dijo.

Pocos días antes de que mi madre fuera a Toledo, mi abuela biológica cerró la puerta del garaje y dejó encendido el motor del coche. No llegó a producirse ninguna reunión lacrimosa; no recibió respuestas ni conclusión alguna. Mi madre era víctima de un nuevo abandono. Acabó como madre soltera y trabajando de sirvienta para la misma familia acaudalada para la que trabajaba mi abuela, mientras asistía a clases en la Universidad de Toledo, donde conoció a mi padre. Se enamoraron y se casaron apresuradamente: un hombre iracundo y violento con cierto encanto y una mujer hermosa y rota que confiaba en poder cambiarlo.

Ni siquiera la luna de miel duró mucho. Lo primero que hizo mi padre tras su casamiento fue obligar a mi madre a dar en adopción a su primer niño, ya que no quería criar al hijo de otro hombre. La obligó a enviarlo al orfanato. Ella le suplicó innumerables veces que permitiera regresar a su hijo a casa, pero él se negó, hasta que finalmente mi madre se quedó embarazada de mí.

Mis primeros recuerdos, antes incluso de haber aprendido a hablar, son unas pesadillas que sufría recurrentemente, en una de las cuales había una pequeña sombra demoníaca que me perseguía sin cesar para matarme. Yo sabía en mi interior que era malvada, a pesar de que todavía no había oído hablar del bien y del mal, de Dios y de Satán, del cielo y del infierno. La otra pesadilla era sobre un fantasma blanco gigantesco que me arrastraba hasta el armario de mis padres, me inmovilizaba en el suelo y me hacía cosquillas hasta que no podía respirar. Sentía una enorme presión en el pecho y no podía levantarme. Me gustaría decir que tras esto mis recuerdos mejoraron, que fueron más felices, pero estaría mintiendo.

Cuando tenía cinco años, mi madre volvió a insistir a mi padre para traer a casa a su primer hijo. Al final, mi padre acabó cediendo. No sé qué le sucedió a mi hermano en el orfanato, pero estoy seguro de que fue algo terrible. La primera vez que me tocó resultó muy confuso porque yo estaba desesperado por recibir atención, pero enseguida me percaté de que algo no iba bien. Con el tiempo, los incidentes se volvieron cada vez más agresivos. Él era ocho años mayor que yo, un joven en la edad de la pubertad confundido con su sexualidad, y yo me convertí en su conejillo de Indias.

Cuando empezó a hacerlo de manera tan continuada que ya no podía más, corrí a pedirle ayuda a mi madre. Estaba maquillándose delante del espejo, preparándose para ir al restaurante de mi padre, donde ambos trabajaban noche y día. Lloré y le tiré de la mano, suplicándole que le dijera a mi hermano que no lo hiciera más. Me apartó con la mano.

«Solo está haciéndote cosquillas», dijo.

Y ahí se acabó la conversación.

Él no tardó en invitar a sus amigos del barrio para que se turnaran conmigo. Uno de los chicos vio lo que hacía mi hermano y me lo quitó de encima. Lo arrojó al otro lado de la habitación, lo inmovilizó en el suelo y empezó a pegarle.

«¿Qué cojones te pasa?»

Le pegó un par de veces más y gritó de nuevo:

«¿Qué cojones te pasa? ¿Por qué le haces eso?»

Entonces se dio cuenta de que yo seguía allí mirando. Alzó la vista para mirarme con esos ojos azules desorbitados y dijo: «Ya ha pasado. Venga, vete de aquí».

Estaba tan contento que me quedé paralizado de la impresión.

«Ya ha pasado. Venga, sal de aquí», repitió, esta vez gritando más fuerte.

Y salí corriendo.

Se llamaba Greg Huffman. Vivía cinco casas más abajo, en Laurentide, junto al arroyo. Su madre era una señora con mucha clase que llevaba ropa y guantes de jardinera muy estilosos. Siempre la veía arreglando el jardín —sus parterres estaban inmaculados, su césped era el más verde y sus rosas, las más rojas—, era muy amable y saludaba a todo el mundo. Me encantaba que Greg viniera a casa, y lo hacía frecuentemente, porque mi hermano y él eran muy amigos.

Pasaron dos meses sin que mi hermano volviera a tocarme. Una tarde llegó a casa corriendo y jadeando, sin aliento, y se puso a llorar, algo que no le vi hacer a menudo. Habían llevado de urgencias a Greg al hospital para hacerle una operación a corazón abierto. Murió esa misma tarde.

¿Cómo pudo pasar eso? Greg era mi héroe, mi protector, por no hablar de que solo tenía catorce años. ¿Cómo podía Dios permitir que sucediera eso? ¿Cómo podía llevarse a Greg y dejarme solo con mi hermano de nuevo? Odiaba a Dios. Odiaba el mundo y todos los que vivían en él.

Nunca le conté a mi padre lo que me hacía mi hermano. Vivíamos todos con un miedo constante a que se enojara. Se enfurecía por lo más mínimo, nos pegaba a todos y rompía los muebles. Así que no me atreví a contárselo, porque sabía que acabaría dándome una paliza de muerte. La única forma de sobrevivir en mi casa era ser invisible.

Pero yo no quería ser invisible. Quería que me vieran, que me oyeran, me amaran, me enseñaran cosas y me apreciaran. Quería aquello que mis amigos tenían con sus padres y hermanos. Me percataba de que mi familia era completamente diferente a las demás. Veía a los otros chicos jugar con sus padres a la pelota, cargando el coche para irse de acampada o a pescar. Yo estaba jodido. Estaba maldito. Algo no estaba bien conmigo. *¿Por qué había tenido que nacer?*

Incluso el clima de Toledo resultaba opresivo. La primavera y el otoño eran preciosos, pero los inviernos eran fríos, inclementes e interminables, y el calor y la humedad del verano te dejaban en un estado de estupor prácticamente narcotizante.

Cuando el televisor estaba encendido, es decir, prácticamente siempre, solo veías imágenes de muerte y destrucción: la guerra de Vietnam, «El asesino del calibre. 44», «El estrangulador de Hillside», el suicidio colectivo de la secta de Jim Jones, etcétera.

Luego estaba la religión. Era un tema que no podía resultarme más confuso. La mejor amiga de mi madre, Basha, también era polaca. Los viernes íbamos a su casa para celebrar la cena del *sabbat*. Los días de fiesta encendíamos la *menorá* y celebrábamos Janucá. Todos sabíamos perfectamente que no podíamos hablar nunca en nuestra casa de lo que hacíamos en la de Basha. Yo mantuve el pico cerrado, pero en cierta ocasión mi padre apareció por allí y sacó a mi madre de los pelos. Ese fue el fin de nuestras tradiciones judías.

Mi padre era musulmán y en ocasiones invitaba a casa a otros musulmanes. No paraban de lavarse las manos y las caras como locos y después se arrodillaban sobre esas alfombras especiales y decían las mismas cosas en árabe una y otra vez.

«*¡Allahu Akbar! ¡Allahu Akbar!*»

En lo que concernía a la escuela, mi padre de ningún modo permitiría que su hijo acudiera a un colegio público, ya que eso era cosa de pobres y él era un hombre muy orgulloso. El único problema era que todas las escuelas privadas eran católicas. No solo católicas, sino de los jesuitas.

El catolicismo no hizo más que añadir vergüenza y alienación a mi vida. Todos esos curas espeluznantes y monjas enfadadas con su ridícula vestimenta. Tanta pompa, boato y ceremonial, ese apestoso incienso, comer el cuerpo de Cristo y beber su sangre... Me parecía todo demasiado raro. En realidad, me encantaba la idea de Jesús y disfrutaba mucho oyendo sus enseñanzas. A veces incluso le rezaba. Pero verme expuesto a estos nuevos rituales me dejó más desorientado que nunca. Una cosa está clara, consolidó esa sensación que tenía de ser diferente y no pertenecer a ninguna parte. En misa, sentado, luego de pie, después de rodillas persignándome, la cabeza me daba vueltas lleno de dudas y de aborrecimiento.

La presión se iba acumulando y por algún sitio tendría que salir.

Sucedió a los pocos meses del primer curso en el colegio St. Pat's. Mi profesora era una antigua monja, muy estricta y sobria. Estaba dándonos una charla sobre el nuevo árbol de Navidad que habían puesto a la entrada del aula. Era un árbol bonito, decorado con bombillas y ornamentos artesanales.

«Nadie puede tocar el árbol ni acercarse a él —dijo, barriendo la sala con la mirada para asegurarse de que todos lo comprendíamos—. Cada una de estas decoraciones...»

Su voz se fue difuminando a medida que yo me levantaba y empezaba a caminar hacia el árbol. Sentía que todos los ojos estaban puestos sobre mí, incluso me parecía estar viéndome a mí mismo, cuando me detuve justo frente al árbol y lo tiré al suelo con un rápido empujón. El sonido fue estruendoso, mucho más de lo que esperaba. Las bombillas explotaron y los ornamentos de cristal quedaron hechos trizas. Había trozos de madera resbalando sobre el suelo.

La profesora se sobresaltó y después quedó paralizada de asombro y horror. A mí me seguía pareciendo como si lo hubiera hecho otra persona y observaba el acontecimiento junto al resto de los niños con la boca abierta por la sorpresa. Pero también sentía alivio, como si se hubiera destapado la olla a presión.

La profesora se abalanzó sobre mí. Me cogió del brazo y empezó a gritarme y a darme azotes. Me eché a reír. Intentaba controlarme, pero no podía. Empecé a reír quedamente, pero pronto evolucionó a una carcajada sonora e incontrolable. Algunos de los otros niños, chicos en su mayoría, comenzaron a reír conmigo. Esto puso de los nervios a la profesora, que empezó a azotarme con más fuerza, pero solo sirvió para que riera más. Al final, acabó cansándose. A ella le dolía más la mano que a mí el trasero. Sin aliento, rota y derrotada, me mandó al despacho del director.

Tendría que haberme sentido mal. Avergonzado. Pero estaba exultante. Acababa de encontrar mi primera droga, mi primera adicción: desafiar a la autoridad.

Le rogaba a mi madre de rodillas que se divorciara de mi padre. Cuando cumplí siete años, mi sueño se hizo realidad. Acabó hartándose de él. Ella y yo nos quedamos en la casa y mi padre se mudó. Mi hermano se marchó a la Academia Naval de Estados Unidos, algo que debería haberme hecho sentir mejor, pero yo simplemente me había insensibilizado. Era insensible a todo. Nada me afectaba. Había una calle con bastante tráfico perpendicular a mi casa y solía cruzarla en bicicleta, pedaleando todo lo rápido que podía sin mirar a ninguno de los lados para ver si venía algún coche. Los vehículos frenaban de golpe y tocaban el claxon, lo cual me hacía esbozar una sonrisa tan grande que dolía. Supongo que me hacía más ilusión la idea de arriesgar mi vida intencionadamente que la de morir lenta y dolorosamente, asfixiado por la falta de amor y autoestima. En realidad, no sentía ganas de morir, era más como mandar a Dios al carajo por ponerme en esa situación, en esa vida, en esa familia, en esa ciudad.

Mi madre abandonó la escuela de enfermería y consiguió un empleo en el hospital local en el turno de noche. Ya nunca la veía. Por el día tomaba pastillas para dormir y por la noche iba a trabajar. Cuando me despertaba siempre había cinco dólares sobre la mesa.

La mayoría de las veces cogía esos cinco dólares y me marchaba al bar del club de campo. Me encantaba pasar el tiempo allí, comiendo y jugando en el arroyo. Me encantaba tomar el sol. Me presentaba en las instalaciones el primer día que abrían en primavera y no dejaba de ir hasta que cerraban en otoño.

El conserje del club era un tipo llamado Tommy. Tenía veintidós años, pelo castaño largo y era la persona más legal que conocía. Apenas hablaba con nadie, simplemente se dedicaba a lo suyo y hacía su trabajo. Un día caminaba tras él a la salida del club y vi un gran camión de Coca-Cola aparcado en la calle. Tommy se dirigió hacia él con parsimonia, se detuvo de repente y cuando miró a su alrededor para comprobar si había testigos me vio. Sonrió como el gato de Cheshire y sacó una navaja de sus pantalones tejanos cortos. Era una navaja mariposa. La abrió metódicamente con gran maestría, le puso el seguro con el pulgar y la hundió sobre una de las grandes ruedas del camión con rapidez. Un sonoro silbido escapó del neumático, pero nadie más que yo se percató de ello. Tommy era mi héroe.

Tras eso, adquirí la costumbre de saltar la valla de noche cuando cerraba el club y quedarme fumando cigarrillos con Tommy. Durante aquellas noches calurosas de verano nos tumbábamos en las hamacas, mirábamos las estrellas y escuchábamos el incesante rumor de las cigarras, que nos dejaba casi en estado de trance. Le conté a Tommy algunos de mis problemas, pero sin entrar en demasiados detalles. Él simplemente me escuchaba sin decir nada.

Nunca me sentí más seguro que entonces. No quería que esas noches acabaran nunca. Casi siempre me quedaba dormido y a veces Tommy también, hasta que al final me despertaba: «Vamos chaval, hay que marcharse a casa».

El club era mi refugio. Incluso me apunté al equipo de natación a los ocho años. Cuando cumplí diez contrataron a Brian, un nuevo entrenador. Era un hombre carismático y encantador de unos treinta y cinco años de edad que tenía una novia preciosa cuyo trabajo consistía en pasar el tiempo tomando el sol en la piscina todo el día. Era el ejemplo a seguir. Quería ser como él.

Al año siguiente, Brian dijo que quería llevarme de acampada y yo nunca había ido. Estaba deseando ir, pero no estaba seguro del todo. A veces, cuando los niños se marchaban a casa tras los entrenamientos de natación, yo no tenía a dónde ir, así que me quedaba en la bañera de hidromasajes para estar caliente. Él venía a hacerme compañía, pero tenía la extraña costumbre de ponerme una mano entre las piernas y preguntarme si quería jugar al «tiburoncito». Yo siempre me apartaba y me reía. Mi instinto me decía que le diera un puñetazo en la cara, pero representaba un ejemplo para mí, y en honor a la verdad tengo que decir que me gustaba mucho su compañía, así que no le di importancia.

Accedí a ir con él de acampada, un poco a regañadientes. Estaba demasiado emocionado por hacer algo novedoso como para hacerle caso a mi instinto y supongo que en gran parte no quería aceptarlo. Al parecer, Brian tenía una razón muy específica para llevarme de acampada. Quería quedarse a solas conmigo en el bosque, allí donde nadie pudiera oír mis gritos de socorro.

El hombre al que yo admiraba y en quien confiaba no solo me quitó eso, sino también el único sitio en el que podía sentirme seguro y comportarme como un niño. Dejé de ir a natación y a las competiciones.

Quise contárselo a Tommy, pero…

Una mañana de finales de ese mes de agosto me despertaron unos fuertes golpes en la puerta. Pensaba que sería mi amigo Teddy, pero no era él, sino otra amiga, Megan. Acababa de sacarse el permiso de conducir y había venido a recogerme en su coche. Cuando abrí la puerta, Megan dijo entre risas: «¿A que no sabes lo que le ha pasado al conserje ese?»

«¿Tommy?», le pregunté.

«Sí, supongo —respondió ella—. El conserje.»

«¿Qué? ¿De qué estás hablando?»

«Ha muerto.»

«¿Qué coño estás diciendo?»

«Que está muerto», repitió, riendo con nerviosismo.

«¿Qué coño estás diciendo, zorra estúpida? No está muerto. Lo vi anoche.»

«Está muerto. ¡Santo Dios!, pero ¿qué te pasa?»

«¡No está muerto, joder!»

Estaba asfixiándome y me ardían los ojos.

«¡Sí que está muerto, capullo! Se cayó de una escalera de mano y se partió el cuello.»

Le di un portazo a Megan en las narices. Oí cómo se marchaba en su coche mientras yo intentaba contener las lágrimas. Fui a mi habitación y cerré la puerta. Me parecía estar a punto de explotar. Me escondí debajo de la cama, arrodillado sobre el suelo.

«No, no, no… —repetía gruñendo mientras apretaba los dientes—. No, no, no…»

Empecé a pegarme puñetazos en las piernas. «¡No, no, no…!»

Cualquier fragmento de inocencia infantil que pudiera quedarme se desintegró. Me habían abandonado a mi suerte en esta realidad oscura e incomprensible. Todas las personas que conocía morían o me hacían cosas terribles. Tras este suceso mi camino se torció. Comencé a pudrirme por dentro. Mi alma se volvió negra.

Empecé a meterme en todo tipo de problemas en la escuela: peleas, vandalismo, saltarme clases, malas notas. En sexto me suspendieron por primera vez, y repetir curso fue como rociar con gasolina mi hoguera de vergüenza y alienación. No podía soportar mucho más esa vida.

En el Ohio de las décadas de 1970 y 1980 no era raro que los niños fueran a la licorería a comprar cigarrillos o alcohol para sus padres. Un día fui con mi amigo Teddy Papenhagen a comprar tabaco para su madre. Añadimos a la bolsa de la compra tres botellas de vino Mad Dog 20/20, nos las llevamos al bosque y nos emborrachamos. Fuimos tambaleándonos hasta una hamburguesería y devoramos una ingente cantidad de patatas fritas, pues Teddy esperaba que absorbieran el alcohol para que su madre no se percatara de lo borrachos que estábamos. A mí eso no me preocupaba. Me encantó estar borracho. Era lo mejor. Me sentía fuerte, seguro y poderoso. Invencible, de hecho. La bebida se había convertido en mi mejor amiga.

Después de ese día me emborrachaba prácticamente todos los fines de semana. Los chavales del barrio se habían enterado de que mi madre se iba a las diez y media todas la noches y que en la casa no había adultos. Y no estoy hablando de chicos buenos. Eran niños como yo, abandonados e ignorados, que buscaban alguna forma de sentirse a gusto en este mundo. Si alguien me ofrecía un vaso, una lata o una botella, yo me la bebía. Después empezaron a ofrecerme pastillas: Yellow Jackets, Black Beauties, me las tragaba sin importarme lo que fueran.

Tenía doce años la primera vez que mantuve relaciones sexuales con una chica. Mientras lo hacía me pareció genial, pero recuerdo que me marché a casa, me metí en la ducha y me puse a llorar. Me sentía sucio, como si hubiera cruzado algún tipo de línea invisible que no tendría que haber traspasado, al menos no a esa edad. Después de aquello, si alguna chica quería hacerlo conmigo yo estaba dispuesto a ello. No tenía por qué ser bonita ni delgada, cualquiera me valía.

Siempre tenía una novia y siempre la engañaba. Mi nueva adicción, la de sentirme querido, se convirtió en la droga más intensa de todas.

Los fines de semana transcurrían entre una bruma de juergas. A veces se me juntaba un fin de semana con el siguiente. Estaba repitiendo sexto curso y recuerdo muchos lunes en los que me presentaba todavía borracho de la noche anterior.

Una madrugada, después de haber estado toda la noche en vela bajo los efectos de la dexidrina, me pasé horas intentando conciliar el sueño. Había faltado a clase el día anterior y no me gustaba ausentarme dos días seguidos porque llamaría la atención y empezarían a hacerme preguntas. El corazón me latía tan deprisa que pensé que se me saldría del pecho. Me había pasado de la raya, algo que se convertiría en la tónica de mi vida. Oí la puerta del garaje, lo cual significaba que mi madre había llegado a casa y tocaba salir de la cama para ir a la escuela.

Me levanté y me di una ducha para librarme del olor a tabaco. Me vestí rápidamente y evité a mi madre, escabulléndome tras la puerta. Antes de salir agarré una Pepsi de dos litros de la nevera y unos ositos de gominola del cajón. Solía beber Pepsi de desayuno. Por aquellos tiempos, Pepsi libraba una batalla con Coca-Cola y todavía no la había perdido. Me llevé la botella a la parada del autobús. Hacía un frío de mil demonios fuera, pero mi cuerpo y mi aliento estaban calientes por las anfetaminas, el azúcar y la cafeína que corrían por mis venas. Me sentía fatal, por no decir otra cosa.

El trayecto en autobús fue nebuloso. Cuando llegamos a la escuela me percaté de repente de que era martes y empezábamos el día asistiendo a misa. Estaba enfermo e increíblemente nervioso. Sentía frío y calor al mismo tiempo. Cuando me senté en el banco de la capilla, me entró un ataque de pánico como nunca antes había sentido. Estaba todo en silencio, demasiado. Mi corazón empezó a latir con mucha fuerza. Lo sentía. Podía oírlo. Noté que empezaba a desplomarme de espaldas. Mi primer impulso fue gritar, pero sabía que aquello sería desastroso. Imaginé cómo me recogían del suelo, las monjas, los curas, las encargadas del comedor con sobrepeso. Imaginé que me ponían una camisa de fuerza y me encerraban en una habitación de esas acolchadas. Vi un resplandor que me pareció un rayo y volví a sentir que caía fulminado. No podía respirar. A mi lado estaba mi amigo Joe Ostephy. Era un chico gracioso con unos rasgos muy peculiares que tenía los labios y las orejas muy grandes, pero las chicas lo adoraban. Lo agarré de la pierna y le susurré: «Joder, colega, creo que me va a dar algo».

«¿Qué?», me preguntó.

«¡Chist!», dijo la profesora, mirándonos con aire amenazador.

Me recosté en el banco, apretando los puños y los dientes, con calambres en el estómago. Volví a susurrarle: «Creo que me va a dar algo». Me dispuse a levantarme, preparado para salir corriendo. Joe levantó la mano y me dijo con una enorme sonrisa: «Siéntate. Siéntate. ¿Qué haces?» Cuando me senté, noté un dolor enorme en el culo.

«¡Auhh!»

Joe se desternilló de la risa inmediatamente, y también otros niños. Me había puesto una chincheta en el banco sin que yo me percatara. El dolor era intenso. La risa resultaba perturbadora. Pero cuando la profesora se levantó y nos ordenó a ambos que fuéramos al despacho del director noté que se me había pasado el ataque de pánico. Ya no oía los latidos de mi corazón. Ya no sentía que me desplomaba hacia atrás. En ese momento aprendí que, si conseguía distraerme de alguna forma, cabía la posibilidad de combatir cualquier tormenta mental que estuviera incubándose en mi interior.

Cuando me emborrachaba o me colocaba, los ataques de pánico no parecían afectarme mucho y estaba dispuesto a tener gente a mi alrededor para distraerme, quien fuera. Y todo iba genial, hasta que empezaron a abandonarme. Al final, volvía a estar solo de nuevo. No podía conciliar el sueño y me quedaba toda la noche viendo la televisión. Tenía una estúpida fantasía autoinducida en la que Johnny Carson era mi padre. Me esforzaba mucho en crear y mantener esa ilusión. Empezó cuando era mucho más pequeño, tendría quizás unos cinco años, y la sostuve hasta el final de mi adolescencia. Gracias a Dios, tenía a Johnny Carson.

Solo había cuatro cadenas de televisión: ABC, NBC, CBS y PBS, y, cuando David Letterman se despedía, ponían el himno nacional y pasaban a lo que yo llamaba la «carrera de las hormigas». Simples interferencias de la señal. Y me quedaba solo de nuevo.

Cuando estaba solo y me sentía vulnerable, esos ataques se hacían insoportables. Eran como un tren de carga. No podía siquiera salir de casa. Me tendía en el sofá con el cuerpo retorcido de dolor, hiperventilando, con los puños apretados, rechinando los dientes, el estómago contraído, en posición fetal, balanceándome adelante y atrás. En cierto momento descubrí que si me mordía la mano con fuerza suficiente esos ataques disminuían o desaparecían por completo, pero otras veces lo único que podía hacer era coger una manta de lana horrible que teníamos y taparme con ella hasta que se me pasaba. Me quedaba allí tumbado en el sofá bajo la manta, mordiéndome la mano e implorando a Dios a gritos que me ayudara, y cuando esta ayuda no llegaba le gritaba: «¡Hijo de puta! ¿Por qué me estás haciendo esto?»

Cuando los ataques eran muy fuertes, solo podía rezar para morir cuanto antes.

Pero en 1982 sucedió algo increíble. La televisión por cable y la consola de videojuegos Atari llegaron a mi casa. Teddy consiguió Activision. Descubrimos la MTV. El mundo cambió por completo. Saber que tenía esa vía de escape a mi disposición a cualquier hora del día me quitó un gran peso de encima. Hubo otras cosas que aportaban levedad a mi insoportable existencia infantil: ver jugar al tenis a John McEnroe, los monólogos cómicos de Eddie Murphy en *Delirious,* el punk rock, las películas *La chica del Valle* y *Aquel excitante curso* (*Picardías estudiantiles* en Latinoamérica), el video de *Thriller* de Michael Jackson, el *breakdance* y la amistad y el amor de una chica llamada Kori Keefer.

Pero seguía habiendo momentos en los que la única forma de soportar la noche era emborracharme. En muchas ocasiones mi madre llegaba del trabajo y se encontraba con vómitos por toda la casa y a mí desfallecido con la cara sucia. Se ponía a gritar como una loca por la porquería y porque podría haberme ahogado en mi propio vómito.

Pero la verdad es que, si no hubiera tenido estos mecanismos de escape y medios para conectar con otros seres humanos, lo más probable es que me hubiera suicidado. Mi compañero de clase Charlie War se había quitado la vida cuando estábamos en cuarto curso. Se sentaba a mi lado y éramos buenos amigos. Fue muy triste perderlo, pero también plantó la semilla para ser consciente de que era yo quien tenía la última palabra y que podía apagar las luces del escenario para siempre en cuanto quisiera.

Cuando tenía doce años, le pedí a mi padre unas Nike que costaban sesenta dólares para hacer *breakdance*.

«Ya tienes zapatos —dijo—. No necesitas otro par.»

«Sí las necesito», contesté yo. No era cierto, pero las quería y no pensaba parar de molestar hasta que las consiguiera. Esto nos llevó a una discusión que acabó con uno de sus famosos guantazos, a los que siempre se añadía el dolor sólido del Rolex de oro que llevaba en la muñeca izquierda.

No volvimos a hablar en varios días.

Una noche, poco después de aquello, me llevó a mi restaurante favorito, el Oak'en Bucket, que estaba regentado por el hombre más carismático y divertido que haya conocido, un tipo llamado Gus. No sé lo que los otros niños sentirán cuando van a Disneylandia, porque nunca fui, pero imagino que sería algo parecido a lo que me pasaba a mí en el Oak'en Bucket. Aquel sitio estaba impregnado de humo de cigarrillos y lleno de personajes que parecían recién salidos de una película de Martin Scorsese: Tommy «Scarface» Buyers, Leo «el Chulo», Ricky «el Sicario» Scavianno, Miami Mike, Billy Scott y Butch Wilson. Gus era medio siciliano, medio griego, y su madre tenía relación directa con la Purple Gang, una pandilla del crimen organizado de Detroit. Él siempre negaba tener trato con la mafia, pero no cabía duda de que los otros tipos sí estaban relacionados con ella. Todos conducían Cadillacs y Oldsmobiles Toronado, llevaban fajos de billetes enormes y toneladas de oro en joyas. Algunos incluso tenían abrigos de pieles de corte americano. Yo estaba fascinado. Estos tipos eran para mí una inspiración. Gus era un tipo con una enorme seguridad en sí mismo y siempre hacía reír a los demás. Cuando fuera mayor quería ser exactamente igual que él.

Gus conocía bien a mi familia y se pasó por nuestra mesa para saludarnos. Notó la tensión que había entre mi padre y yo. Yo ni siquiera levanté la cabeza.

«¿Qué le pasa a este», preguntó a mi padre.

«Quiere unas malditas zapatillas deportivas que cuestan sesenta dólares.»

Gus se llevó la mano al bolsillo y sacó un buen fajo de billetes. Siempre actuaba de ese modo.

Mi padre dio un golpe sobre la mesa.

«¡No le des un céntimo! Si quieres ayudarle, dale trabajo.»

Gus rio y me dijo:

«¿Quieres trabajo?»

Levanté la cabeza y contesté: «Sí».

«¿Lo dices en serio?», replicó Gus, riendo.

«¡Sí!» En parte, solo quería aparentar ante mi padre, pero también me intrigaba la idea de pasar más tiempo con Gus y la gente del Oak'en Bucket.

«Pásate por aquí mañana por la tarde —dijo Gus—. A las cuatro y media.»

Aparecí al día siguiente una hora antes y me dieron un delantal de plástico enorme, demasiado grande para un chaval de doce años que medía uno cincuenta y cinco, y juro que ese trasto pesaba por lo menos doce kilos. Hubo que hacerle un nudo especial por detrás para que dejara de pisármelo. Pero tenía un empleo y estaba feliz. El salario era seis dólares por hora. Esa noche del viernes gané treinta y seis dólares, y el sábado, cuarenta y dos más. El domingo por la mañana me dirigí orgulloso al centro comercial Southwyck y entré directamente en Foot Locker. Le dije claramente y con voz autoritaria al empleado que me doblaba en edad: «Tráeme una talla 39 de esos botines Nike rojo brillante con velcro».

¡Me sentía como un millonario con esas botas puestas! Y aquel día aprendí algo muy valioso. Si quería algo, tenía que ganármelo.

Así que seguí trabajando, en parte por el dinero y también para escapar de casa. Pero eso no evitó que siguiera metiéndome en problemas. Me detuvieron por primera vez a los doce años por un acto de vandalismo.

Antes de eso, ya me habían cogido robando en una tienda de discos, pero los propietarios llamaron a mi madre en lugar de a la policía. Se disculpó cuanto pudo por mi comportamiento, pagó el disco que había robado, me llevó a casa en el coche en absoluto silencio y ahí quedó la cosa. Esta vez era diferente. Unos amigos y yo nos colamos en una casa mientras los dueños estaban de vacaciones. No tenía intención de robar nada, solo lo hice por el subidón de adrenalina. Nos acomodamos en el salón, bebimos demasiado y luego lo destrozamos todo como si fuéramos Led Zeppelin en el Chateau Marmont. Después, la madre de uno de los chicos lo pilló con un *walkman* robado. Llamó a la policía y el chico dijo que lo había robado yo, lo cual no era cierto en absoluto. Me enfadé mucho.

Me llevaron a la comisaría de policía y me retuvieron en una sala de interrogatorios. No tenían ninguna prueba real en mi contra, así que me dejaron marchar, no sin antes hacerme un montón de preguntas y meterme el miedo en el cuerpo, lo cual era su intención desde el principio.

Pero no surtió mucho efecto.

Cuando tenía catorce años, mi padre volvió a casa y echó a mi madre. Tuvo que alquilar un apartamento y yo pasaba la mayor parte del tiempo con ella, volviéndola loca con todos los problemas en los que me metía. Al final, uno de sus amigos tuvo una charla conmigo y me dijo que ya no era bienvenido. Tenía que marcharme para nunca volver.

Eso me obligaba a quedarme con mi padre. No duré ni dos semanas. Me peleé con Billy Lucius, un chico del colegio. Le dije que le comunicara a un amigo suyo que me esperase al salir de clase porque iba a darle una buena paliza. Billy me dio un puñetazo en plena cara. Era del equipo de lucha y se agachó para cogerme las piernas e intentar tumbarme. Yo salté atrás, lo agarré de la cabeza y empecé a estampársela contra el bordillo metálico de la pizarra. Todo estaba borroso. Para cuando las cuatro monitoras del comedor me inmovilizaron en el suelo estaba cubierto de sangre.

A Billy lo trasladaron al hospital, y yo, una vez más, fui arrastrado hasta el despacho del director. Tras debatir largamente sobre si debían llamar a la policía, acabaron llamando a mi padre. Me expulsaron con efecto inmediato, lo cual me pareció bien porque odiaba aquella maldita escuela.

Mi padre se ocupó de darme todo lo que no había recibido de Billy. Casi acabo en el hospital yo también. Aquella noche me fui y cuando volví por la mañana mi padre había cambiado la cerradura. Así fue como me hizo saber que me había quedado sin un hogar. El único sitio al que podía ir era el trabajo, así que fui al Oak'en Bucket y le conté a Gus lo que había sucedido.

«Bueno —dijo—, puedes quedarte con mi hija y mi exmujer.»

Parecía demasiado bueno para ser cierto, pero por alguna razón me permitieron quedarme. No sería yo quien preguntara por qué. Nicole era un año menor que yo y nos conocíamos bien, ya que íbamos a la misma escuela. Su madre, Debbie, era la mejor del mundo. La nevera estaba siempre llena, hacía el desayuno los fines de semana y nos dejaba quedarnos levantados hasta que quisiéramos sin preguntarnos lo que hacíamos.

Las cosas iban mejorando. Ya no necesitaba estar borracho todo el tiempo, pero, cuando bebía, lo hacía hasta desfallecer. Había montones de chicas y más aún cuando empezamos el bachillerato. Nicole iba a la escuela femenina católica Saint Ursula, lo cual me abrió todo un mundo de posibilidades. Y yo iba al instituto masculino privado de Saint John's. Pero, aunque vivir con Debbie y Nicole fuera genial, yo sabía que aquello no era algo normal, sino el resultado de que nadie me quería a su lado.

Cuando tenía quince años, me detuvieron por última vez, al menos como adolescente. Estaba con Teddy, sobrio, sorprendentemente, y su hermano mayor nos llevaba en coche al McDonald's. Tenía una escopeta averiada en el asiento trasero que iba a llevar a reparar. Casi ni me había fijado en ella hasta que pasamos ante tres chavales en monopatín que nos gritaron algo y nos sacaron el dedo.

«¡Para el coche!», grité. Cuando se detuvo el vehículo, salí corriendo con la escopeta. «¿Qué habéis dicho, hijos de puta?»

Apreté el gatillo, a pesar de que no estaba cargada. El mecanismo emitió un fuerte ruido que sonó: «Cla-clá». Los chavales huyeron despavoridos. Me partí de la risa, volví al coche y fuimos al McDonald's. Ya estábamos de vuelta, a punto de girar hacia la calle de Teddy, cuando grité: «¡Sigue recto!»

Había unos quince coches de policía aparcados en la calle. Uno de ellos arrancó a todo gas cuando nos vio y comenzó la persecución. El hermano de Teddy aceleró y se me salía el corazón por la boca. Dimos varios giros hasta que la policía nos alcanzó, y salté del coche en marcha para ocultarme en unas zarzas. No llevaba zapatos ni camiseta y las espinas se me clavaron por todo el cuerpo. Pero la policía no me encontró. Rastrearon el vecindario durante horas hasta que al final se dieron por vencidos.

¿Qué se suponía que debía hacer? No podía aparecer en casa de Nicole y Debbie. No quería que supieran que la policía estaba buscándome.

Así que me escabullí hasta la casa de mi padre, mirando con sigilo tras cada esquina, dispuesto a echar a correr en cualquier momento, pero conseguí llegar sin que apareciera ningún coche de policía. Por suerte mi padre tampoco estaba. Trepé por una ventana abierta y entré directo a mi antigua habitación, cagado de miedo, pero embriagado por la emoción de haber conseguido escapar.

Una hora después oí sonar el teléfono y el fuerte acento árabe de mi padre que llegaba desde la entrada: «¿Khalil?»

Mierda.

«¿Sí?»

«Quédate ahí. No te muevas.»

¡Joder!

Unos minutos después, la policía aparcaba en el camino de entrada a la casa. Mi padre fue a recibirlos. Después, dio media vuelta y salió en estampida hacia la casa como un toro. Me tiró al suelo de un golpe con la mano abierta en la cabeza y me sacó de los pelos. «Lleváoslo a campo abierto y dadle una paliza. Después metedlo en la cárcel.»

Por la cara que pusieron los policías se veía que les daba pena. Pasé aquella noche en una celda, preguntándome qué sería de mí. Mi madre apareció al día siguiente y me dijo que se me acusaba de intento de asesinato. Las anteriores veces que me habían detenido retiraron los cargos inmediatamente y pude salir en libertad condicional. Esta vez no tendría tanta suerte.

«¡El arma no estaba cargada! ¡Ni siquiera funcionaba!», grité.

Me ofrecieron una reducción de condena si aceptaba la acusación de amenaza con agravantes y me declaré culpable. La parte positiva era que, dado que era menor, no tendría antecedentes delictivos. El expediente quedaría borrado siempre que no volvieran a detenerme antes de cumplir los dieciocho.

Había faltado al trabajo, lo cual significaba que tenía que contarle a Gus aquel incidente. Intentó ponerse serio y darme una charla, pero no paraba de entrarle la risa y decirme que repitiera la historia. Le encantaba el hecho de que hubiera escapado de todos esos policías y se le notaba muy decepcionado con que mi padre me hubiera delatado. Se aseguró de que pudiera volver a vivir con Nicole y Debbie, lo que significó un gran alivio. Cuando volví sobre mis talones para salir de la habitación con la cabeza gacha, Gus dijo: «Eh, chaval. Toma, llévate esto», y me dio dinero. No recuerdo cuánto era, pero sí el alivio que sentí. No, no era alivio. Era puro alborozo. Jamás había tenido tanto dinero en mis manos. Me quedé mirando los billetes impresionado y él me dio una palmada en la espalda y me dijo: «Vamos, ahora puedes irte a casa». En cuanto salí por la puerta me eché a llorar, asegurándome de que no me veía hacerlo.

Duré casi todo el primer curso de bachillerato en Saint John's. Causaba infinidad de problemas y cada vez me portaba peor, pero estaba depurando mi técnica para que no me atraparan. Así fue hasta principios de la primavera, en uno de los bailes que organizaba otro colegio femenino llamado Notre Dame. Por entonces, ya había aprendido que, cuando dos grupos grandes de chicos se disponían a pelear, si encontrabas al más grande y pendenciero de todos y le dabas el primer puñetazo, los otros se cagarían de miedo y lo más probable era que ganaras la pelea. Este era un don preciadísimo, porque yo no era bueno peleando, sino simplemente un loco estúpido sin nada que perder. Me ayudó a consolidar una reputación de peligroso. Bueno, eso y el hecho de que había empezado a emular a Gus y a sus compinches, peinándome el pelo hacia atrás y adornando mi discurso con el acento suave, pero afectado, de los tipos duros. También llevando un fajo enorme de billetes. La mayoría eran de cinco y de diez dólares, pero siempre ponía delante uno de cien.

Así que allí estaba yo en aquel baile cuando una pandilla de nuestro instituto rival, Saint Francis, se congregó ante nosotros y empezaron a provocarnos mirándonos con mala cara, señalándonos con el dedo y riendo. No había escasez de chicas ni teníamos ninguna otra razón para pelearnos, pero eso fue lo que hicimos. Al fin y al cabo, estábamos en Ohio. ¿Qué otra cosa podíamos hacer? Localicé al más grande y ruidoso de todos y fui a por él.

Desafortunadamente, una de las monjas me estaba vigilando, se percató de lo que iba a hacer y se interpuso en mi camino. Yo llevaba ya demasiado impulso para detenerme. Saqué el brazo, la aparté y solté un derechazo que impactó de lleno en la mandíbula del chico más grande y pendenciero del grupo. Se produjo una breve refriega a la que siguieron exclamaciones de sorpresa. Todos se quedaron quietos, y cuando me di la vuelta vi que la monja estaba tumbada en el suelo boca arriba. Yo solo quería apartarla, pero había acabado cayendo al suelo… y haciéndose daño.

Alguien gritó: «¡Llamen a la policía!»

Mis amigos y yo salimos corriendo enseguida.

Al día siguiente me expulsaron del instituto de secundaria Saint John's. Volví a contárselo a Gus y este, nuevamente, volvió a desternillarse de risa. No paraba de interrumpirme para que se lo contara desde el principio y cada vez se reía más.

«¿Le pegaste a una monja?»

«¡No! —grité—. ¡No le pegué!»

Gus no dejaba de repetirlo para sí y reírse.

«¿Qué demonios te pasa? ¿Por qué le pegas a una monja?»

Al cabo de un rato me percaté de que sabía que no le había pegado a la monja, pero simplemente no podía resistir la oportunidad de hacerme la broma.

El fin de semana siguiente, Pete Handwork, un amigo mío, me invitó a pasar la noche en su casa.

«¿Estás seguro?», le pregunté.

«¿A qué te refieres con si estoy seguro? Pues claro que sí.»

Así que fuimos a una fiesta, nos emborrachamos, fumé un montón de cigarrillos y después volvimos a su casa. El sábado por la mañana me desperté en la habitación de invitados con la ropa sucia del día anterior, apestando a tabaco. Pete no estaba. Se oían voces al otro lado del pasillo, así que me dirigí hacia allí, con resaca y desesperado por darme una ducha. El ruido procedía de la habitación de los padres de Pete, y, cuando pasé ante la puerta, una de las hermanas de Pete dijo: «¡Ahí está!»

Cuando miré al interior de la habitación no podía creer lo que veía. Pete y sus dos hermanas pequeñas estaban en una cama blanca mullida viendo los dibujos animados del sábado por la mañana con sus padres. Todos llevaban pijamas a juego y la escena parecía sacada de un anuncio. Todos parecían tan limpios y contentos. Los niños estaban felices, los padres estaban felices, el perro meneaba la cola. Me quedé anonadado.

La madre de Pete me dirigió una sonrisa:

«¡Venga, súbete a la cama!»

«No, no», respondí. Estaba sucio, no me había lavado los dientes y no quería que me olieran. Olía a humo de cigarrillos y a vergüenza. No podía mancillar esa hermosa cama blanca. Simplemente me quedé allí, paralizado.

Los padres de Pete eran geniales. Me dieron conversación mientras yo permanecía en la habitación a una distancia prudente de la cama, hacían preguntas, e incluso se interesaban de verdad por mis respuestas. Estuve a punto de llorar todo el tiempo. No quería creer que existía algo así. Ver lo que tenía Pete, algo que yo suponía que todos poseían menos yo, me afectaba mucho y me partía el corazón por la mitad.

Viví con eso durante meses, pensando en ellos, todos felices en aquella cama, sintiendo amor, sintiendo lo contrario que yo, que estaba maldito. Yo tenía unos padres jodidos y una vida desgraciada y nunca estaría bien. La vida estaba ajustando las cuentas conmigo y tenía que quitarme de en medio. Sabía que era demasiado cobarde como para pegarme un tiro en la cabeza. Pensé muchas veces en estrellar el coche contra una pared o tirarme con él desde un puente, pero me aterrorizaba cagarla con eso también y quedar en una silla de ruedas o algo parecido. Y luego estaba ese conjunto de patrañas que me enseñaban en la escuela católica sobre la condenación eterna, el purgatorio, fuego y azufre. De modo que me encontraba atrapado en el maleficio de tener el alma podrida y demasiado miedo para acabar con todo. Tal vez existiera Dios, pero estaba muy claro que yo le importaba una mierda. Tenía que salir de allí. Tenía que escapar.

2

La primera vez que me hice una verdadera idea de cómo sería vivir fuera de Toledo tenía dieciséis años. Obviamente, ya había salido de los límites de la ciudad anteriormente, pero esa fue la primera vez que fui con un amigo, un compañero de trabajo que se llamaba Tony Song, una versión coreana del Eddie Haskell de la serie *Leave it to Beaver*. Aquella noche, casualmente, me quedaba en casa de mi padre, durante un regreso breve a su hogar con la esperanza de reconciliarnos. Se había casado por cuarta o quinta vez (ni siquiera lo sé) con Tong, una hermosa mujer coreana, que era la mejor amiga de la madre de Song. Tony apareció en casa y los engatusó con sus artes. Actuaba como un chico asiático estudioso con unos modales impecables y mi padre quedó impresionado.

«Khalil y yo vamos a volver a mi casa para estudiar el examen», dijo.

«Muy bien, Tony. Pasadlo bien, chicos.»

Me quedé completamente anonadado. Por primera vez mi padre me dejaba salir con un amigo de noche para estudiar. Lo nunca visto. Pero se trataba de Tony, así que era comprensible. Lo que no me cuadraba era que no teníamos ninguna clase en común ni ningún examen, y en caso de que lo tuviera estaba claro que yo no estudiaría. Yo era un estudiante que siempre suspendía y si pasaba de curso era porque los profesores no querían volver a verme.

Cuando entramos en su coche, un BMW 525i, le dije:

«¿De qué estás hablando? ¿Qué examen?»

«No te preocupes por eso —respondió al tiempo que sacaba una petaca—. Toma.»

Bebí sin dudarlo. No sé qué tenía dentro, pero estaba fuerte. Tony se puso en marcha y estábamos tan absortos en la bebida y la conversación que ni siquiera me di cuenta de que entrábamos en la autopista. Al final, acabé saliendo de ese ensimismamiento y le pregunté: «¿Dónde carajo vamos, colega?»

«No te preocupes. Tú bebe.»

Cuarenta minutos después estábamos en Detroit. A Tony le parecía desternillante que yo no tuviera ni idea de lo que se estaba cociendo. Conducíamos por calles del centro de Detroit desoladas, que parecían abandonadas, con edificios desiertos cerniéndose sobre nosotros por todas partes y rodeados por una tormenta de nieve. Finalmente, aparcó el coche y caminamos a través de la nevada hasta el interior de un callejón que estaba entre dos grandes edificios de ladrillo. No había ningún cartel ni iluminación. Lo único que veía era un grupo de personas que deambulaban por allí charlando y fumando, todos ellos vestidos de negro.

Tony se abrió paso entre la gente y se encaminó hacia una puerta. Había un tipo enorme que pedía una identificación.

Agarré a Tony del brazo.

«Yo no tengo una identificación falsa, colega.»

Tony volvió a reír. Cuando nos acercamos a ese portero enorme, me sentí al borde del ataque de pánico. En cuanto llegó nuestro turno nos dijo:

«¿Qué edad tenéis, chicos?»

«Cincuenta», dijo Tony mientras le ponía un billete de cincuenta dólares en la mano.

«Muy bien. Adelante», respondió el portero.

Estaba todavía alucinando cuando entramos y después bajamos al sótano de ese edificio oscuro y tenebroso. Los bajos eran un espacio diáfano enorme con nubes de humo que revoloteaban ante la luz ultravioleta. Era la puta hostia. La música reverberaba en mi pecho. Escuchaba aquella canción por primera vez, pero me fascinó. Resonaba en cada una de las células de mi cuerpo:

A change of speed, a change of style.
A change of scene, with no regrets,
A chance to watch, admire the distance,
Still occupied, though you forget.
Different colours, different shades,
Over each mistakes were made.
I took the blame.
Directionless so plain to see,
A loaded gun won't set you free.
So you say.

We'll share a drink and step outside,
An angry voice and one who cried,
'We'll give you everything and more,
The strain's too much, can't take much more.'
I've walked on water, run through fire,
Can't seem to feel it anymore.
It was me, waiting for me,
Hoping for something more,
Me, seeing me this time,
Hoping for something else.[1]

Esto era música de verdad, y no la basura que ponían en la WIOT de Toledo (grupos como Journey, REO Speedwagon, Foreigner). Jamás comprendí de qué carajo hablaban esas bandas y tampoco me importaba.

---

1. Se trata de *New Dawn Fades (Un nuevo amanecer se desvanece)* de la banda británica Joy División, liderada por Ian Curtis: Cambio de velocidad, cambio de estilo / Cambio de escena, sin estar arrepentido / Una oportunidad para observar, admirar la distancia / Sigo ocupado, aunque lo olvides / Colores diferentes, sombras diferentes / Asumí la culpa / En cada error que cometimos / Es obvio que estás desbocado / Pero una pistola cargada no te liberará / O eso dices / Compartiremos una copa y saldremos / Una voz enojada de alguien que gritó / «Te lo daremos todo y más / Demasiada presión / No se puede aguantar» / He caminado sobre las aguas, corrido sobre el fuego / Ahora ya no puedo sentirlo / Era yo, quien esperaba de mí mismo / Desear algo diferente / Yo, quien me veía al fin / Deseando algo diferente. *(N. del T.)*

En aquel momento me sentí renacer, sin miedo y liberado. Había alguien que cantaba mis palabras para que yo no tuviera que hacerlo. Era Ian Curtis quien había muerto para purgar mis pecados, no Jesús. Siempre supe que ardería en el infierno, pero al menos ahora sabía que no estaría solo. Este oscuro sótano abandonado salvó mi vida aquella noche y muchas otras, aunque esa vez tuvo un significado mucho más profundo. Descubrí la música: The Cure, Sisters of Mercy, The Smiths, Front 242, The Cult, Communards, etcétera. Escuchaba estas bandas junto a personas completamente desconocidas a las que sentía más cercanas que a ninguna de las otras con las que me relacionaba. Entendían perfectamente quién y qué era mi persona, y yo los conocía a ellos. Aquellas bandas cantaban las canciones de mi corazón, mi tristeza, mi aislamiento, mi historia. Me invadió una tremenda sensación de alivio. Aquello fue mi bautismo de fuego.

Nos quedamos allí hasta que cerraron a la mañana siguiente. Cuando Tony y yo nos marchamos, derrengados y resplandecientes, pude ver finalmente cómo se llamaba el garito: The Shelter (El Refugio).

Por supuesto.

Durante los siguientes años visité aquel lugar tanto como pude, y más una vez que dejé el instituto. Cuando me echaron de Saint John's acabé en Bowsher, un colegio público. Suspendía un examen tras otro, pero, como allí había muchos otros chavales con problemas, ya no daba tanto la nota. Pero era demasiado tarde. Lo cierto es que desde que repetí sexto curso me había dado por vencido. Nunca pasaba una semana sin que me saltara algún día de clase, pero a veces era peor incluso. Me había desencantado por completo del proceso educativo en su conjunto. A mediados del último curso del instituto, lo dejé definitivamente. Se había convertido en un engorro demasiado grande.

Cuando no estaba en The Shelter solía ir a ver actuaciones en directo: Echo & The Bunnymen en Ann Arbor, Depeche Mode en Detroit. Una vez vi un concierto en una sala al aire libre de Detroit donde tocaban juntos New Order, Public Image Limited y Sugar Cubes. Resultaba increíble lo bien que me sentía cuando estaba inmerso en la música en comparación con lo asquerosa que era mi existencia diaria. La música lo cambiaba todo. Se convirtió en un mecanismo de defensa y en una forma de huida, aunque en realidad seguía atrapado en Toledo, Ohio.

Antes de cumplir los veinte ya había reconocido totalmente la mayoría de las cosas que me habían sucedido de pequeño —el abuso sexual, físico y emocional, el abandono— y me había resignado a aceptar que me acompañarían de por vida. Y, a pesar de que la música que adoraba era catártica y relevante, también era bastante desalentadora y alimentaba mi depresión. Los ataques de pánico habían desaparecido prácticamente por completo, pero eran sustituidos por una depresión constante muy destructiva y un aplastante desprecio por mí mismo.

Lo único que me hacía sentirme algo mejor era portarme mal; cuanto más intenso y peligroso fuera, mejor. Anhelaba esa distracción que proporcionaba la descarga de adrenalina. Me dediqué a vender marihuana, mercancía robada y a provocar incendios. Formaba parte de un ambiente en declive que cada vez iba a peor, y nunca me preocupaba por la posibilidad de la muerte. Estaba demasiado ocupado temiendo vivir esa vida para siempre. No merecía la pena quedarse a ver qué me deparaba el futuro.

Entonces, en 1987, en el momento justo, me invitaron a California. Tenía diecisiete años y Kenny, un amigo mío que iba a estudiar a una escuela de arte en la costa Oeste, me invitó a que pasáramos unos días allí y luego condujéramos juntos de regreso a Toledo. Pasar de Ohio a California, aunque fuera solo durante setenta y dos horas, era como cambiar de una película en blanco y negro a una en tecnicolor. El pequeño atisbo de cómo podría ser la vida allí resultó embriagador. California era el lugar donde sucedía todo: la música, las películas, las modelos. Quería formar parte de ello a toda costa.

Pasaron unos años y yo no dejaba de decir que iba a mudarme a California. Era como un mantra. No tardó en convertirse en un ruido de fondo, incluso para mí. Solía fantasear con trasladarme allí, pero continuaba dedicándome a las mismas rutinas, los mismos empleos basura, la misma miseria, el mismo comportamiento autodestructivo. Estaba a punto de cumplir los veintiuno cuando fui con mi novia (bueno, una de ellas), Claudia, a ver la película *The Doors*. Cuando Val Kilmer y sus compañeros de grupo en la pantalla cantaron *This is the End* quedé fascinado. Me lo cantaban a mí:

> *The West is the best*
> *The West is the best*
> *Get here and we'll do the rest*[2]

Me volví hacia Claudia y susurré: «Tengo que ir».

«¿Tienes que ir al baño?»

«No —respondí—. Tengo que ir. Tengo que salir de aquí. Tengo que ir a California.»

Claudia asintió educadamente. Yo sentí que hablaba con la convicción de la verdad y la revelación más puras, pero ella ya había oído eso antes. Me gustaría poder decir que me marché a casa, hice las maletas y me fui aquella misma noche. Pero no lo hice. No tuve agallas.

Empecé a beber más incluso para expulsar ese fuego de mí, pero parecía que bebiera gasolina. El fuego no hacía más que avivarse y calentarse más. Toda mi semana estaba diseñada en función de la juerga. Los martes por la noche arrastraba a mis amigos hasta el Upstairs Downstairs, un club en Bowling Green. Los jueves íbamos a Ann Arbor a visitar el Nectarine Ballroom. Los viernes tocaba Nikki's Tavern y The Shelter en Detroit. Bailaba como un lunático, perdiéndome con la música y tropezando inevitablemente con la persona equivocada hasta empezar una pelea. No me importaba. Más leña al fuego.

Cuando bebía, siempre intentaba alcanzar el equilibrio entre la inconsciencia y la lucidez. Rara vez llegaba al punto de no retorno. En lugar de eso me quedaba en el baño de rodillas o en posición fetal a las tres de la mañana viendo cómo las paredes daban vueltas a mi alrededor y alabando al Dios de la porcelana.

---

2. El Oste es lo mejor / El Oeste es lo mejor / Ven y nosotros nos encargaremos del resto. *(N. del T.)*

Un año después de ver la película *The Doors*, estaba en una boda con un grupo de amigos y bebí como un cosaco, porque sentía que todos me miraban y que no encajaba allí: «Oh, ahí está el tipo ese». Y mi respuesta era beber más y ser más bullicioso. Al final, me cansé de que me mirasen mal y me levanté.

«A tomar por culo. Vámonos. Vamos a Detroit.»

Me subí al coche con cinco de mis amigos y conduje como un lunático hasta The Shelter. Bebimos durante todo el trayecto y seguimos haciéndolo una vez conseguimos llegar a nuestro destino, todo un milagro. Cuando cerró The Shelter, fuimos dando tumbos hasta Greektown en busca de algún bar abierto. Íbamos parando para que la mitad de nosotros pudiera vomitar por el camino. En mi estupor alcohólico tuve una inspiración y salté sobre el capó de un coche que había allí aparcado.

«¡Tenemos que salir de aquí de una puta vez!» «¡Vamos a morir en esta puta ciudad! ¿Queréis morir en esta ciudad de mierda o queréis ir a vivir la vida? ¡Vayámonos de aquí ya! ¡Yo me voy de una puta vez!»

Mis amigos simplemente rieron.

«Tú no irás a ninguna parte.»

«¡Y un carajo que no! —contesté—. Yo me voy.»

«¿Sí? ¿Adónde quieres ir?»

«Me voy a California —dije—. Me voy a Los Ángeles.»

Esto les hizo reír con más fuerza todavía.

«Bah, chorradas. Hace años que dices lo mismo.»

Fue como un bofetón en la cara. Nunca me habían retado de esa forma. Llevaba años diciendo que me mudaría a California y todos asentían y sonreían sin más. Ahora me decían que era un farsante. Un iluso. Y lo peor de todo es que eso significaba que me quedaría en Toledo para siempre.

«Que os den —dije—. Me voy.»

«Muy bien, Khalil. ¿Cuándo? ¿Cuándo te vas?»

«Me voy mañana de una puta vez.»

«No vas a ir a ningún sitio, colega.»

Era mi amigo quien hablaba, pero su voz procedía de los momentos negativos que había tenido en mi vida. Su origen estaba en mis más horribles miedos.

«Mañana me voy —repetí—. ¿Quién quiere venir conmigo?»

«Claro, ¿por qué no? —respondieron en su borrachera a modo de burla—. ¡Vamos todos!»

A la mañana siguiente me desperté en el apartamento de mi madre con la peor resaca de mi vida. No recordaba cómo había llegado hasta allí, ni nada del viaje de vuelta desde Detroit. Pero sí recordaba haberme subido a aquel coche y decir que mañana me trasladaría a California. No, hoy. Había llegado ese día.

Me quedé allí tumbado con mi estómago haciendo ruido y la cabeza a punto de estallar. El mero hecho de pensar en arrastrarme hasta cualquiera de los trabajos miserables que tenía que hacer ese día me resultaba insoportable. Atender las mesas del restaurante o cargar planchas de pladur. Ni siquiera vender hierba tenía un mínimo de atractivo.

Me arrastré hasta la ducha y me lavé los dientes varias veces. Creía que eso me haría sentir mejor, pero no funcionó. Agarré las pocas cosas que tenía en casa de mi madre y las metí en el coche. Tenía veintiún años y seiscientos dólares en la cuenta, sin mapa, ni plan de actuación. ¿Lo haría, realmente? ¿Es que nadie iba a detenerme, a rogarme que no me marchara? Necesitaba que alguien lo hiciera, porque, en caso contrario, conduciría hasta California. Era demasiado orgulloso y testarudo para echarme atrás después del espectáculo que había dado la noche anterior.

Mi padre siempre iba a trabajar a las cinco de la tarde en punto. Nunca se le hacía tarde. Lo esperé en el aparcamiento hasta que llegó y pasó junto a mi coche.

Toqué el claxon y bajé la ventanilla. Mi padre se detuvo.

«¿Sí?»

«Me voy a California.»

Se hizo cargo de la situación durante un momento, mirando hacia el interior de mi coche. Yo había posicionado estratégicamente mi mochila llena de ropa y la almohada para que pudiera verlas claramente en el asiento trasero.

«Buena suerte.»

No podía creerlo. No tendría que haberme sorprendido en absoluto, pero había una parte de mí que todavía esperaba que se transformara en el padre que yo necesitaba. Conduje con lágrimas surcando mi rostro hasta la autopista de peaje y cogí el carril que lleva al Oeste. No podía parar de llorar y tenía clarísimo que no podía detener el coche. Sabía que si paraba jamás saldría de Toledo.

Esa noche fumé un cigarrillo tras otro y bebí un montón de Coca-Cola Diet para mantenerme despierto. No tuve que parar para dormir prácticamente hasta llegar a Illinois. Estaba agotado emocionalmente y todavía tenía una resaca terrible. Alquilé una habitación en un Motel 6, encendí el televisor y me desplomé sobre la cama.

Estaban dando una película de Burt Reynolds. Había decidido suicidarse atándose un ladrillo enorme a los pies y tirándose al mar. Pero en el último momento se arrepentía. Eso es lo último que recuerdo antes de despertarme con la habitación llena de humo. Me escocían los ojos. El olor del plástico quemado me daba arcadas. Desde la tele, que estaba ardiendo, se oía *My Way* de Frank Sinatra. La pantalla relampagueaba y salían llamas por detrás. Me froté los ojos e intenté poner algo de cordura en aquel asunto.

Estaba todavía medio dormido cuando llamé a la recepción.

«Hola. El televisor está ardiendo.»

«Muy gracioso.» Me colgaron. Volví a llamar. El recepcionista empezó diciendo: «Malditos niñatos, como no paréis...»

«¡La puta habitación está en llamas!», grité.

Lo siguiente que recuerdo es que llamaban a la puerta. El recepcionista entró directamente con un extintor y empapó el televisor. Estaba enojado, como si pensara que le había prendido fuego al maldito aparato intencionadamente. El pasillo estaba lleno de gente que intentaba averiguar qué sucedía. Yo estaba exhausto, deshidratado y delirante. Parecía estar viviendo una pesadilla provocada por las drogas. ¿Sería eso lo que le sucedía a todo aquel que quería salir de Toledo?

Me pusieron en otra habitación y me quedé grogui hasta el mediodía. Cuando me desperté, no sabía dónde me encontraba. La habitación tenía unas cortinas de vinilo teñidas de amarillo por el tabaco. El techo de gotelé tenía múltiples manchas extrañas en una variada gama de colores (no quise adivinar de qué serían) y el aire estancado olía a rancio. Y entonces lo recordé todo de golpe.

«Dios santo, pero ¿qué carajo estoy haciendo? —me dije—. ¿En qué demonios estaba pensando? ¡Esto es una locura!»

Allí no había nadie para decirme que no pasaba nada, que todo saldría bien. Estaba solo.

«¿Qué voy a hacer?»

Pedí un café gigante para llevar en McDonald's y volví a la autopista. Dirección Oeste.

Era como si hubiera un ancla que no me dejara separarme de Toledo, de mi pasado, y, cuanto más avanzaba, con más fuerza intentaba tirar de mí. Pero seguí hacia delante y sucedió una cosa curiosa. A medida que me internaba en el devenir del tráfico empecé a sentir un hormigueo en el estómago. La emoción empezaba a superar al miedo. La inercia del momento era más fuerte que el ancla.

Ni siquiera escuché música durante la mayor parte del trayecto. Ver constantemente los contornos borrosos de las líneas de la carretera me hizo caer en un estado cercano a la meditación y sentí una soledad que jamás había experimentado anteriormente. Siempre había buscado algún tipo de distracción para evitar sentirme aislado o solo, ya fuera el alcohol, las drogas, el drama o las chicas, pero a medida que iba conduciendo hacia el oeste empecé a disfrutar de mi propia compañía por primera vez. Al fin podía averiguar quién demonios era fuera de mi ridícula existencia jodida en Toledo.

Las veces que escuché música fue una cinta de casete que había grabado con canciones de Big Audio Dynamite, Killing Joke, Jane's Addiction, The Pixies, etcétera. Ponía una y otra vez el tema *Rush* de Big Audio Dynamite:

If I have my time again
I would do it all the same
Ain't change a single thing

ME OLVIDÉ DE MORIR   43

Even when I was to blame
For the heartache and the pain
That I caused throughout my years
How I loved to be your man
Through the laughter and the tears
Situation no win
Rush for the change of atmosphere
I can't go on so I give in
Gotta get myself right outta here [3]

Bajaba las ventanillas y subía el volumen. Estábamos en el mes de octubre y el paisaje que se veía al recorrer el país era absolutamente impresionante. Cuando tenía que parar a comer o repostar, nadie me miraba con mala cara ni cuchicheaban diciendo que el «chico malo» había llegado. Las personas con las que me encontré sentían mi entusiasmo, mi pasión y mi propósito. Me sonreían. Era un hombre que tenía una misión y todos parecían percatarse de ello.

Cuando quería regocijarme un poco en la tristeza de mi situación, ponía *The Last Night on Maudlin Street*, de The Smiths:

...and as we spend the last night
on Maudlin Street, I say
«goodbye house-forever!»
I never stole a happy hour
around here [4]

---

3. Si pudiera volver atrás / Volvería a hacerlo todo igual / No cambiaría ni una cosa / Incluso cuando fui el causante / del desamor y el dolor / Que causé todos estos años / Me encantó ser tu hombre / En la risa y en el llanto / Situación sin ganadores / Prisa por cambiar de ambiente / No puedo continuar, así que me doy por vencido / Tengo que salir de aquí cuanto antes. *(N. del T.)*

4. Y, mientras pasamos la última noche / en Maudlin Street, digo / «¡hasta nunca, casa!» / Jamás disfrute de una hora feliz / en este lugar. *(N. del T.)*

Cantaba la canción y lloraba, pero no como cuando mi padre me había deseado buena suerte y me había dejado allí plantado. Este era un llanto positivo. Un desahogo. Expulsaba todo el aislamiento y la depresión de veintiún años de miseria.

Estaba engañándome a mí mismo.

Era obvio que dejaba atrás Toledo y a todas esas personas que me habían hecho daño, pero el resto del equipaje me acompañaba en mi trayecto, un trayecto loco y caótico que me haría perderlo todo.

3

Era ya pasada la medianoche cuando me adentré en el último tramo de mi trayecto hacia Los Ángeles. No recuerdo de qué colina, montaña o paso se trataba, creo que estaba cerca de Pomona, pero jamás olvidaré la sensación que tuve cuando llegué a la cima y comenzó el descenso. A veces, el universo, o Dios, hacen de pinchadiscos en tu vida. Este era uno de esos momentos. Empezó a sonar *Mountain Song*, de Jane's Addiction. La puse a todo volumen mientras observaba la inmensidad formada por todas esas luces, esas decenas de millones de luces titilantes. No podía creerlo; no podía creer que existiera una ciudad tan grande. Rebobiné la cinta una y otra vez para volver a poner la canción y la cantaba a gritos lo más alto que podía, con todas las ventanillas bajadas. Fumaba un cigarrillo detrás de otro y tenía toda la piel de gallina. Me dolía la cara de sonreír.

«He llegado, hija de puta. Estoy aquí. Ahora. Estoy aquí y ahora.»

Esa primera noche dormí en el coche, cerca de la Universidad del Sur de California. Al día siguiente llamé a mi amigo Kenny, el estudiante de arte que me había invitado a visitarlo cuando tenía diecisiete años. Dijo: «Claro, pásate por aquí», pero noté que estaba raro. Cuando llegué a su casa lo vi incluso más incómodo y nervioso. La cosa siguió así durante un par de días más, hasta que al final le dije:

«Eh, colega, ¿qué pasa? Me dijiste que podía venir a quedarme contigo cuando quisiera, pero me da la sensación de que preferirías que no estuviera aquí».

Se quedó dudando.

«Va a venir Amanda.»

«Pero ¿qué demonios? —Amanda era una de mis exnovias—. ¿Por qué tenías que decirle que estoy aquí?»

«No —dijo Kenny—. Viene a verme a mí. No a ti.»

Ay.

Cuando apareció Amanda, todo se volvió muy raro. Kenny y ella pasaban todo el tiempo encerrados en su habitación, mientras yo estaba por allí sentado preguntándome si habría cometido un error enorme al salir de Toledo. Dean, el compañero de piso de Kenny, seguramente se compadecía de mí y dijo:

«Colega, vente al ático y pasamos un rato juntos».

«¿Seguro?»

«Pues claro. Vamos.»

Y con ese pequeño acto de amabilidad comenzó mi vida en la costa Oeste.

Durante el primer año y medio que pasé en California tuvimos los altercados de Los Ángeles, uno de los peores incendios forestales en la historia de Malibú, en el que se quemaron 7.000 hectáreas, un terremoto inmenso que derribó tramos enteros de la autopista, y el Niño, con los flujos de lodo y las inundaciones que le acompañan. Ohio podía ser lo más aburrido del mundo, pero era un sitio seguro, como mucho teníamos alguna que otra tormenta de nieve y tornados ocasionales. Empezaba a preguntarme si todo el lío este de California no era más que una pésima idea.

Alquilé una habitación en el cañón de Santa Mónica por 500 dólares al mes. Me habían contratado como supervisor en un restaurante en la calle 15 con Montana, así que el dinero no era un problema. La habitación estaba en una vetusta mansión desvencijada que había sido trasladada de la primera línea de playa a Entrada Drive. Formaba parte de una finca que William Randolph Hearst había construido para su novia, Marion Davies. Ahora la casa se ha convertido en un punto de referencia histórico, pero a principios de la década de 1990 era un auténtico estercolero y mi habitación era la más pestilente de todas. Pero lo cierto es que tenía la única vista panorámica al mar del edificio y me esforcé mucho en acondicionarla.

La casa estaba llena de esos personajes excéntricos que para mí representaban la quintaesencia de California: una rubia preciosa de metro cincuenta y cinco que iba a la UCLA, una jugadora de voleibol profesional, un guionista en ciernes, un productor incipiente. Y estaba a dos manzanas de la playa. Al fin podía meter los pies en la arena y mirar el mar.

Quién sabe, tal vez las cosas salieran bien después de todo.

Aunque había períodos en los que permanecía sobrio, de vez en cuando bebía unas copas y fumaba un porro con mis compañeros de piso. Acababa pasándome de la raya (algo sorprendente, lo sé) y vomitando, quedándome inconsciente o ambas cosas.

Al cabo de unos meses llamé a mi exnovia Claudia, que estudiaba en la Universidad de Michigan. Le dije que la quería y la echaba de menos y le supliqué que me hiciera una visita. Acabó dejando la universidad y viniendo a California a vivir conmigo.

Fue un desastre desde el primer día. Nos peleábamos continuamente. Yo sabía que pasaría eso antes incluso de que viniera, pero el miedo a la soledad pudo con mi capacidad de razonamiento.

Acabaron despidiéndome del restaurante. Una de las cosas buenas que heredé de mi padre es una ética laboral tremenda y la atención por los detalles. Le dije al propietario que sus empleados se bebían el vino más caro y que los camareros a veces cobraban hasta cien dólares de más en la cuenta. Estaba seguro de que se enfadaría y empezarían a rodar cabezas, pero lo que sucedió fue que se enfadó y me despidió a mí. Mi ingenuidad del medio oeste me hizo pasar por alto que todos los que trabajaban allí, incluido el dueño, traficaban con cocaína en el restaurante y que el vino caro era lo que menos le importaba. Y, ahora que lo miro con perspectiva, era totalmente lógico que les cobraran cien dólares de más.

Claudia y yo necesitábamos un cambio de escenario. La jugadora de voleibol se había mudado a Malibú y necesitaba compañeros de piso, así que nos trasladamos allí y compartimos un apartamento con ella. Ahora solo me faltaba encontrar una forma de pagar el alquiler.

Llegado a este punto tenía la sospecha de que era un mal empleado. No porque fuera vago o poco honrado, sino justo por lo contrario. No podía quedarme callado cuando veía que alguien hacía las cosas mal o cometía alguna estupidez, y eso siempre ocasionaba roces con mis jefes y compañeros de trabajo. Así que decidí ser mi propio jefe.

Una de las cosas de las que siempre había estado orgulloso y en la que destacaba era en la limpieza de mi propio coche. Incluso cuando mi vida personal era un desastre, mi coche estaba inmaculado. Conocía todos los tipos de productos de limpieza y sabía cómo hacer que los neumáticos, el tapizado y los acabados quedaran como nuevos. Malibú estaba lleno de Porsches, Ferraris y Lambourghinis y sabía que podía ganarse dinero con ello si uno estaba dispuesto a hacer el trabajo. Así que imprimí unos volantes y fui de puerta en puerta ofreciendo mis servicios como limpiador de coches de lujo.

Recibí pocas llamadas y a la gente de Malibú no le hacía gracia que llamara a su puerta preguntándoles si podía lavar su coche. De vez en cuando me encontraba con alguna persona que era excepcionalmente amable, o tal vez simplemente se sintieran solos, y accedían a que lo hiciera. A veces incluso me invitaban a comer, pero la cosa no daba para ganarse el pan ni de lejos. Era una ruina y estaba claro que nadie respondería a los volantes que dejaba en los parabrisas de los coches.

Un día paseaba por Santa Mónica y vi un concesionario de Porsche. «¿Por qué no acudir al distribuidor?», me dije. Entré y les di todo un discurso para ofrecer mis servicios en el que me proclamaba propietario de AutoNanny, el mejor negocio de puesta a punto de vehículos de Los Ángeles y probablemente de toda la costa Oeste. Me dijeron que me dirigiera al gerente de servicios, Lodi. Comencé de nuevo mi discurso y me cortó en seco.

«¿Vives en algún lugar?», me preguntó.

¿Qué demonios? Iba con mis mejores galas, pantalones y camisa de vestir, los zapatos de bonito… ¿y este tipo se piensa que soy un vagabundo?

«Sí, por supuesto.»

«¿Dónde?»

Le di la dirección de mi apartamento.

El tipo frunció el ceño.

«Qué raro. Nunca he oído hablar de esa calle.»

Me quedé confundido. ¿Para qué querría saber dónde vivía? Al pensarlo en retrospectiva está claro que quería saber si tenía un taller de puesta a punto, un lugar en el que los coches estuvieran seguros y bajo techo, y yo acababa de embaucarlo sin saberlo para que creyera que disponía de uno.

Lodi me pasó un juego de llaves y me señaló un Porsche Carrera 4 recién salido del horno.

«Llévatelo esta noche y me lo traes mañana.»

Me quedé anonadado. Corrí a casa y recogí a Claudia para que condujera mi coche mientras yo me ponía a los mandos del Porsche. Y después dejé el coche como los chorros del oro. Estaba más limpio que recién salido de la sala de exposición del concesionario. Se lo llevé a Lodi al día siguiente y casi ni lo miró.

«¿Cuánto?», me preguntó.

Sabía que lo más sensato era darle una cifra alta para que él la rebajara.

«Treinta y nueve dólares con noventa y cinco centavos», dije.

El tipo rio.

«¿Por qué no lo dejamos en cien dólares?»

«De acuerdo. Cien dólares está bien.»

Casi me desmayo.

Me firmó un cheque y me entregó otro juego de llaves.

En breve estaba ganando 125, 150, incluso 200 dólares por coche. Después, Lodi me recomendó a un concesionario de BMW. En aquel momento no me necesitaban, pero unos meses más tarde el gerente de servicios se puso en contacto conmigo.

«¿Sigues poniendo a punto vehículos? Tengo un cliente en Bel-Air que necesita limpiar su coche. ¿Puedes pasar por allí y hacerlo?»

«Por supuesto —respondí—. A eso es a lo que me dedico.»

Me dio la dirección y conduje por las colinas de BelAir, con todos aquellos árboles majestuosos y setos enormes bordeando las inmensas fincas. Era un tipo de paisaje como nunca antes había visto. Estas personas no eran simplemente ricas, sino acaudaladas. Todos los caminos de entrada tenían verjas y cámaras de seguridad. Encontré la mansión y un joven llamado Tim me hizo pasar. Me pareció muy raro que todo el personal contratado en la casa estuviera formado por jóvenes homosexuales, pero había ido allí a hacer un trabajo y eso me importaba poco. Puse a punto el coche, un BMW 325i de color azul, y, cuando terminé, Tim me preguntó si podían enviarme un cheque por correo.

«¿Por correo? No, yo he hecho mi trabajo. Necesito que me entregues un cheque ahora.»

Esto por algún motivo pareció poner nervioso a Tim, pero me extendió el cheque y se marchó rápidamente, sin darme tiempo a hacer nada para arruinarlo.

Cinco días más tarde me llamó.

«Larry quiere que le pongas el coche a punto otra vez.»

«Pero si acabo de hacerlo», respondí.

«Bueno, pues quiere que lo hagas otra vez. ¿Podrías venir, por favor?»

«Escucha, colega, se supone que tienes que poner a punto el coche tres veces al año, cuatro como mucho. Pero, si él quiere que se haga otra vez, sí, pasaré por allí.»

Cuando volví a limpiar el coche me sentía culpable, porque apenas tenía nada de polvo, y mucho menos suciedad.

Una vez hube acabado, Tim me dijo:

«¿Podríamos enviarte el cheque esta vez? Por favor. Es mucho más sencillo para llevar las cuentas de la finca».

Yo estaba perplejo. ¿Por qué no podían extenderme un maldito cheque y punto?

Después, añadió:

«Y si pudieras venir cada semana y poner a punto todos los coches sería genial».

¿Una vez a la semana? Estaba completamente seguro de que todos eran drogadictos, pero no quería echar a perder la oportunidad. Además, ¿quién era yo para juzgarlos?

«Sí, por supuesto. Enviadme el cheque y volveré la semana que viene.»

Cuando llegó el cheque vi que procedía de una asesoría contable de Beverly Hills con un nombre que sonaba totalmente judío. Ninguno de esos tipos me parecían judíos en absoluto. ¿Por qué querrían esos locos homosexuales limpiar tanto los coches? Pero el cheque era bueno. Eso era lo único que me importaba.

Al cabo de unas semanas, Tim me preguntó si podía limpiar también las motocicletas. Esos tipos eran unos chiflados. Las motos, una de ellas con el nombre *Purple Passion*, no parecían haber sido usadas nunca. Me llevó al garaje y me puse a trabajar. Al cabo de un rato, entró uno de los miembros del personal. Este, para empezar, no parecía nada homosexual. Se lo veía desarreglado, fumaba y llevaba una camiseta blanca con manchas amarillas en las axilas. No se parecía en nada al resto de los tipos que rondaban por el lugar. Me observó trabajar durante un rato, me hizo un par de preguntas y se dirigió a la nevera para abrirla.

«Eh, colega —dije—. ¿Qué estás haciendo?»

Me miró con mala cara.

«Voy a tomarme una Coca-Cola.»

«No, no. Lo siento, colega.»

«¿De qué estás hablando?», me preguntó.

«Mira —respondí—, soy yo quien está trabajando aquí. Esta es mi zona y yo soy el responsable de ella. Y, lo siento, pero no puedes tomarte una Coca-Cola. En breve haré el descanso del almuerzo y si quieres te traigo una de la tienda.»

Cerró la nevera y se quedó mirándome durante un par de segundos más de la cuenta, como si estuviera pensando en pelearse conmigo. Después soltó una carcajada y volvió al interior de la casa. Me enojé, porque me percaté de que se había llevado la Coca-Cola. Cuando me fui a almorzar compré una Coca-Cola de más en el supermercado y la repuse cuidadosamente.

Esa noche recibí una llamada de Tim.

«Larry quiere contratarte a tiempo completo.»

«¿Quién es Larry? —pregunté—. ¿El tipo que envía los cheques?»

«No —respondió él pacientemente—. Ese es el contable. Larry vive aquí. Quiere que seas empleado doméstico suyo.»

«No, lo siento. Tengo mi propio negocio.»

«Bueno, podrías hacerlo solo temporalmente. Nuestro empleado doméstico acaba de regresar a Sri Lanka y necesitamos a alguien para empezar ya.»

«Tim, tengo mucho trabajo.»

«Te pagaremos ochocientos dólares a la semana.»

Balbuceé algo y colgué el teléfono. Estábamos en 1993 y ochocientos dólares a la semana era toda una fortuna para mí. Acepté el empleo. Limpiaba los coches y hacía lo que fuera necesario para ese tal Larry, quien demonios fuera. Al cabo de un par de semanas estaba cruzando por el jardín y se abrió la puerta principal, algo que nunca había sucedido en mi presencia. Un perrito blanco vino en desbandada y corrió hacia mí. Me arrodillé para acariciarlo y cuando alcé la vista vi que tenía delante de mí a Elizabeth Taylor.

«¡Hola!», dijo.

No encontré palabras. Su belleza y elegancia eran increíbles. Parecía una obra de arte. Al final, conseguí emitir un agudo: «Hola».

Ella se percató del efecto que había causado en mí. Esbozó una pequeña sonrisa, llamó al perro y volvió a la casa.

Fui corriendo al patio trasero y encontré a Tim.

«¡¿Estamos en casa de Elizabeth Taylor?!»

«Sí, baja la voz —dijo entre risas—. Pues claro que sí.»

«¿Por qué no me lo habéis dicho?»

Frunció el entrecejo.

«Dimos por sentado que ya lo sabías. ¿No sabes quién es Larry? ¿Larry Fortensky?»

«¡Yo soy de Ohio! ¡No conozco a nadie!»

Eso estaba a punto de cambiar radicalmente.

Todavía estaba trabajando para Elizabeth Taylor cuando se empezó a correr la voz de lo bien que yo trataba sus coches y su casa. No tardé mucho en estar a cargo de todo un hangar lleno de coches que pertenecían a Slash de Guns N'Roses, lo cual también me llevó a poner a punto los vehículos que Axl Rose tenía en su casa de Malibú. Seguía corriendo el año 1993 y eran la banda más grande del planeta. Axl era una estrella del rock y se comportaba como tal —muy distante y al mismo tiempo increíblemente cercano y frío—, pero no lo culpo. Como he dicho, era el cantante de la banda más importante del mundo y yo era simplemente el tipo que limpiaba sus coches.

Pero Slash era diferente. Siempre he pensado que me confundía con otro, alguien a quien él conocía, como si fuera un invitado o algo parecido. Se emocionaba constantemente cuando me veía por allí y me invitaba a entrar a casa, me preguntaba si tenía hambre y me ofrecía algo de beber. Tenía un montón de serpientes, y no estoy hablando de diez o quince, sino de cien. Literalmente. Tenía serpientes por todas partes y le encantaba alardear de ellas. Un día estaba especialmente emocionado y me dijo: «Ven aquí, quiero enseñarte una cosa».

Me dijo que me sentara. Se acercó, abrió una puerta y apareció un gato enorme. Pero no uno que pudiera llamarse «gato doméstico», me refiero a un «gato del carajo», un «gato de la jungla». Estoy bastante seguro de que se trataba de un puma. Vino directo hacia mí. Me saltó encima con sus dos patas delanteras, me tiró al suelo y empezó a lamerme la cara.

Slash se apresuró a tirar de él para apartarlo de mí.

«No me importa, colega», dije.

«No, no, es por la lengua —repuso él—. Si sigue lamiéndote la frente así acabará dejándote pelado el cráneo. Tiene los dientes limados y no tiene uñas, pero su lengua es tan poderosa que podría dejarte sin cara en veinte segundos.»

Por aquel tiempo también Jeff Bridges contrató mis servicios. Vivía en la colina que había sobre la primera casa en la que estuve como arrendatario en el cañón de Santa Mónica y llamaba de vez en cuando para todo tipo de trabajos inusuales, como desbrozar un montículo o cambiarle una bombilla. Es de los seres humanos más simpáticos e increíbles que haya conocido nunca. Me trataba muy bien, con mucha amabilidad, y siempre venía a hablar conmigo mientras yo trabajaba. Nunca olvidaba ofrecerme una cerveza y decirme que disfrutara de la piscina de la casa y me diera un baño. Había algo en él que resultaba muy diferente de todos los demás, un toque humano y personal. Me sentó fatal que se mudara a Santa Bárbara.

Mientras tanto, mi relación con Claudia dio un brusco giro. Volvió a Ohio para visitar a sus padres y antes de regresar me llamó para decirme que se habían enojado mucho al saber que estaba viviendo conmigo sin estar casados. Aunque pienso que tenía más que ver con mi persona que con la institución del matrimonio, ya que para entonces ya nos habíamos comprometido. Le habían hecho un ofrecimiento. Si me dejaba, no solo le pagarían los estudios, sino que correrían con todos sus gastos y también se encargarían de sus deudas. Claudia pensaba aceptar el ofrecimiento.

Yo estaba furioso: «¡Que te den! ¡Se suponía que íbamos a casarnos!»

Colgué el teléfono. Durante la siguiente semana, alguien de Ohio acabó contándole mis fechorías. Supongo que sería su hermana pequeña. Cuando vivía en Ohio todos tenían miedo de mí y nadie se atrevía a contarle nada, pero ya hacía tiempo que me había marchado y todos sabían que mientras salía con Claudia me había acostado con la mitad de las chicas de la ciudad, así que estoy seguro de que le llenaron la cabeza hablándoles de mis escapadas. Cuando volvió a California ni me llamó, sino que se presentó directamente en nuestro apartamento. Entró, agarró la aspiradora y me la arrojó. Me dio en la cabeza. Saltó sobre mí y me tiró al suelo. Empezó a patearme. Incluso me escupió. Ni que decir tiene que Claudia se mudó inmediatamente.

De modo que ahí estaba yo, viviendo en otra dimensión, trabajando para estrellas del rock y del cine. Seguramente tendría que haberlo visto venir. Trabajando para todos esos ricachones de Bel-Air, Beverly Hills y Malibú, solo era cuestión de tiempo que alguien me pidiera que les consiguiera drogas. No fue ninguno de los que he mencionado, aquí no hay nadie a quien culpar más que a mí. Puede que simplemente tuviera el aspecto de ser el tipo de persona que sabe dónde conseguirlas. Estas personas estaban acostumbradas a chasquear los dedos y obtener lo que querían. Así que me preguntaron y dije que sí.

Un amigo me presentó a unos tipos de los condados de Humboldt y Marin y comencé a conducir hasta allí para recoger kilos de marihuana. Pagaba cuatro mil dólares por libra (casi medio kilo), las dividía en onzas y las vendía por seiscientos dólares. Era muchísimo más sencillo que limpiar coches y también bastante más emocionante. Pronto quedé desencantado con el trabajo real y vi el enorme potencial que tenía la venta de marihuana a tiempo completo. No era como vender ese pasto mexicano que te vendían por hierba en Toledo. Era mierda de la buena, lo mejor que podía conseguirse. No daba abasto. En cuanto volvía a Malibú, ya lo había vendido todo.

Gané un montón de dinero en muy poco tiempo.

¡Colega, si mis amigos pudieran verme ahora!

Entonces, caí en la cuenta. En Ohio era imposible conseguir marihuana de calidad. Compré tanto como pude y la metí en el maletero para viajar hasta allí y ganar una fortuna.

Brian, un amigo de Toledo, vino conmigo. Por aquel tiempo él estaba estudiando Derecho en California, algo que a ambos nos parecía bastante irónico. Conduje las primeras treinta y una horas de un tirón, atiborrándome de café y de Coca-Cola Light. Cuando empecé a caer rendido, le dije a Brian que me hiciera el relevo.

«Quédate en el carril que toca, mantén la velocidad a noventa kilómetros por hora. No pases de noventa. ¿Lo entiendes?»

«Lo entiendo», dijo Brian.

«Brian, lo digo en serio. ¡No pases de noventa!»

«Tranquilo —respondió—. Aunque el límite es cien.»

«Brian, escúchame de una puta vez. No pases de noventa.»

«Vale, vale», concedió.

Me recosté en el asiento, cerré los ojos y me quedé dormido. No habían pasado ni diez minutos cuando oí que Brian decía:

«¡No, mierda!»

No abrí los ojos. No necesitaba hacerlo. Sabía perfectamente lo que había sucedido.

«Mierda, ¿qué?», pregunté sarcásticamente.

«Creo que la policía nos va a parar», dijo Brian.

«Y ¿por qué iban a pararnos, Brian?»

«Bueno, me he pasado un kilómetro del límite de velocidad. Iba a ciento uno por hora.»

Toda mi vida pasó ante mis ojos, que estaban cerrados del pánico. Estábamos en un pueblecito llamado Vega, cerca de Amarillo, Texas, conduciendo un coche alquilado con matrícula de California en un condado donde estaba prohibida la venta de bebidas alcohólicas y yo llevaba el pelo por los hombros. Sabía que la habíamos jodido. La policía realizó un registro e incautación ilegales. Brian sollozaba y se lamentaba por haber arruinado su vida. Yo, sinceramente, no sabía por qué se lo tomaba tan a pecho. ¡Por Dios santo, si era simplemente hierba! Se notaba que era la primera vez que ponía el pie en Texas.

Me sentí mal por Brian.

«Mira, colega —le dije—, tú simplemente págame la fianza y consígueme un abogado. Si haces eso, firmaré ahora mismo una confesión declarando que soy el único culpable.»

Brian no podía creerlo.

«¿En serio, colega? ¿Estás seguro?»

«Sí. ¡Tú consígueme un abogado, paga las putas multas y sácame de esta mierda!»

Mientras esperaba sentado en aquella minúscula habitación a que el poli malo me trajera papel y bolígrafo para escribir, el poli bueno empezó a hablar conmigo nerviosamente.

«¿Eres cantante?», me preguntó con su fuerte acento sureño.

Yo permanecí simplemente mirando al suelo.

«Me recuerdas a ese tipo, Jim Morrison. Yo estuve en Jamaica durante las vacaciones de primavera cuando estudiaba en la universidad. Escuchaba esa música *reggae* todo el tiempo. Todo el día borracho y contento, joder si me lo pasé bien.»

Supongo que tendría que haber reído. Ese tipo estaba aburrido hasta los huesos y odiaba su maldita vida. Solo intentaba darme un poco de conversación.

Firmé una confesión en la que admitía que todo el asunto era responsabilidad exclusivamente mía. Y Brian, bueno, ¿qué pensáis que hizo el bueno de Brian? Desapareció y nunca más volví a saber de él. De repente, tenía que enfrentarme a una pena de entre siete y diez años de cárcel sin nadie que me ayudara. ¿A quién se supone que iba a acudir, a Elizabeth Taylor?

Bueno, pues había alguien que velaba por mí. Llamé a Dean Carr, ese compañero de piso de Kenny que se había portado tan bien conmigo cuando llegué a Los Ángeles. Dean llamó a su amigo Stinky, que era un camello de hierba de poca monta, pero que se ganaba la vida realmente con la informática. Por aquel tiempo nadie sabía cómo hacer funcionar los ordenadores, pero él era un experto. En realidad, se llamaba Chris, pero nunca lo llamábamos así. O lo llamábamos Stinky o «el que no cierra la puta boca». Stinky era camello y técnico informático de un abogado de Palm Springs llamado Nick y le contó mi situación. Nick era veterano de la guerra de Vietnam, un antiguo agente de las Fuerzas Especiales y del Servicio Secreto que había quedado postrado en una silla de ruedas de por vida debido a haber estado expuesto al Agente Naranja. Llamó al fiscal y le leyó la ley sobre registros ilegales y las irregularidades con que se había llevado el caso.

«Vas a ofrecerle un trato a este chico», le dijo.

«Ni en un millón de años —contestó el fiscal—. Cumplirá entre siete y diez años. Vamos a darle una sentencia ejemplar.»

«Le vas a ofrecer un trato —repitió Nick—, o iré hasta allí en mi silla de ruedas y pondré vuestro pueblucho de mierda en el mapa.»

«¿De qué acuerdo estamos hablando?»

«Libertad condicional —dijo Nick—. Ni más ni menos.»

«Veré lo que puedo hacer», respondió el fiscal, y colgó el teléfono.

Mi fiador judicial era un tipo llamado Bob Honeycutt y el viejo Bob era de armas tomar. Llevaba botas de vaquero, con sombrero a juego, fumaba Pall Mall (sin filtro, debería añadir) y conducía una limusina Lincoln con el aire acondicionado a tope y las ventanillas subidas en la que fumaba un cigarrillo tras otro. Es decir, yo también fumaba, pero, por el amor de Dios, aquello era asqueroso. No podía creer que no bajara las ventanillas. Nunca paraba de fumar y tampoco de hablar.

En cierto punto de nuestro trayecto del aeropuerto al juzgado, me leyó la cartilla de una manera muy personal. Salió de la carretera, aparcó

su enorme limusina Lincoln, me miró fijamente con uno de esos Pall
Mall sin filtro asomando por la comisura de los labios y me dijo: «Chaval,
si tuvieras un tono de piel un poco más oscuro jamás volverías a ver la luz
del sol, así que será mejor que muestres algo de gratitud por nuestro señor
Jesucristo».

No estaba muy seguro acerca de la parte en la que hablaba de Jesucristo, pero, mientras estuve esperando mi turno sentado en el juzgado
aquel día, me di cuenta de que el viejo Bob tenía toda la razón. Cada una
de las personas que se presentaban ante el juez eran de raza negra, y todas
sin excepción fueron detenidas al momento, esposadas y llevadas a la
cárcel. No quiero decir casi todas, o la gran mayoría; todas y cada una de
ellas acabaron en prisión por exactamente el mismo delito que yo había
cometido: tráfico de estupefacientes.

Finalmente, me llegó el turno de acercarme al estrado. El juez leyó las
acusaciones y me preguntó si tenía algo que alegar en mi defensa. Empleé
mi más esmerado acento de Ohio y di todo un discurso sobre cómo había
acabado mezclándome con las personas equivocadas, afirmando que estaba muy arrepentido y que jamás volvería a hacerlo. Incluso conseguí soltar
un par de lágrimas de cocodrilo. Bajé la cabeza en todo momento y no me
atreví a mirar al juez a los ojos hasta el mismo instante en que le decía que
lo sentía mucho por última vez y rogaba su clemencia.

Me condenó a cinco años en libertad condicional con aplazamiento
de condena por un delito grave de cuarto grado. Eso significaba que, si no
violaba la condicional durante los siguientes cinco años, el estado de
Texas me eximiría de culpa. Como si no hubiera sucedido. Tardaron casi
ocho meses en cerrar el acuerdo y cada día que pasaba estaba convencido
de que pasaría diez años en una prisión federal. De repente, me enfrenta-
ba a una vida peor que la de Ohio. Tenía pesadillas casi todas las noches.
Cuando me aseguraron que se había llegado a un acuerdo y que el estado
de Texas me había concedido la libertad condicional, lloré de puro alivio.

El problema era que yo vivía en California.

Pagué la multa de siete mil dólares (bueno, en realidad, el dinero me
lo dio Anna, una modelo con la que salía en esa época) e intenté conseguir que transfiriesen mi libertad condicional a California, en cuyo siste-

ma judicial no existía el aplazamiento de condena. De modo que, según las leyes de mi estado adoptivo, a día de hoy sigo teniendo antecedentes penales.

Cuando todo acabó, me encontré en la ruina y sin techo. No me quedaba más opción que volver a Ohio. Volví a casa de Nicole y Debbie, sintiéndome un completo fracasado digno de vergüenza. Habían transcurrido tres meses de mi regreso cuando el padre de Nicole, Gus, quien me había dado mi primer trabajo de verdad a los doce años, me llamó y me dijo que me reuniera con él esa noche en el restaurante a las diez. Me pareció una hora rara para encontrarnos, ya que era el momento en que cerraban, pero haría cualquier cosa por Gus. Entré en su despacho y cuando terminó sus asuntos me dijo: «Vamos a dar un paseo».

Condujo hasta una pizzería de Monroe Street. Pedimos un pastel, y mientras charlábamos y comíamos no paraba de mirarme con cara muy seria para después echarse a reír.

«¿Qué?», le pregunté.

Él simplemente me miraba y se reía. Cuando acabamos, se llevó la mano al bolsillo y sacó un fajo de billetes enorme. Soltó esa cantidad enorme de dinero sobre la mesa y la deslizó hacia mí.

«Esto no es un préstamo», me dijo.

«¿Qué es?»

«Vete de aquí. Lárgate de una puta vez. ¿Me entiendes?»

No sabía qué decir.

«¿Qué? ¿Por qué?»

«Escúchame. Toma el puto dinero, te largas de una puta vez y no vuelvas más. No me debes nada. ¿Me entiendes? Lárgate de una puta vez y no regreses. No vuelvas la vista atrás. Ve a despedirte de Nicole y Debbie y mañana te vas.»

«De acuerdo», repliqué.

Me dolió. Le quería. Era como un padre para mí. Buena parte de mí deseaba que él quisiera que me quedara, pero también sabía que tenía razón. Carecía de las agallas para regresar a California y mi coartada era que no tenía dinero para hacerlo. Pero ahora que disponía de miles de dólares en el bolsillo me había quedado sin excusas.

No estaba enfadado conmigo. No era una de las muchas personas de la ciudad que me consideraban mala hierba. Él me quería. Sabía que, si me quedaba en Toledo, no tendría más que problemas. Y no quería que acabara como él. Gus había estado en California cuando tenía diecinueve años y su plan era convertirse en actor. Amaba California sobre todas las cosas, pero su madre enfermó y su padre era un alcohólico redomado, así que tuvo que volver a casa para cuidar a la vieja.

Siempre le querré por lo que hizo por mí.

De modo que volví a California y llamé a algunas personas. Pude contactar con Mark, el mecánico de Slash, un alcohólico empedernido procedente de Dorchester, Massachusetts. Le di pena y me permitió dormir en la habitación en la que guardaba a sus animales: serpientes, pájaros y un conejo que no tenía jaula y se cagaba por todas partes. Los pájaros siempre desperdigaban montañas de alpiste fuera de sus jaulas. Era uno de los sitios más sucios que haya visto, pero dormía bajo techo.

La mayoría de mis clientes del negocio de puesta a punto de automóviles se habían trasladado hacía tiempo, pero Slash tuvo la generosidad suficiente para permitir que me ocupara de sus coches, así que tenía algo de dinero. Iba al McDonald's todos los días a comer y pasar unas horas leyendo. *Siddharta*, *Demian* y *Narciso y Goldmundo*, de Herman Hesse. *El manantial* y *La rebelión del Atlas*. *Forastero en tierra extraña*. Emerson, Thoreau, cualquier cosa que llegara a mis manos. Todo cuanto pudiera leer para escapar, para no pensar en lo jodida e injusta que era la vida, o al menos la mía. No tenía otra cosa que hacer y estaba cansado de ser un ignorante. Había abandonado los estudios de secundaria y tenía antecedentes penales, así que pensé que no me vendría mal educarme un poco.

El alquimista, de Paulo Coelho, influyó en mí de manera decisiva. Me dio esperanza cuando más la necesitaba. Parecía que los personajes hablaran directamente conmigo: «El secreto de la vida, no obstante, reside en caer siete veces y levantarse ocho».

Así que me levanté. Solo para caer más bajo y de manera más dolorosa que antes.

4

Decidí empezar a hacer ejercicio, porque sabía que me ayudaría con la depresión. Di una vuelta por la ciudad y pasé por diferentes gimnasios. Fui a Bally's, que era barato, pero asqueroso, y hacía que me sintiera pobre. Recordaba haber leído en algún libro de autoayuda en una librería que, si querías ser una persona exitosa, tenías que rodearte de gente de éxito. Así que pensé que podría matar dos pájaros de un tiro. Había un gimnasio de esos de lujo en el hotel Lowe's de Ocean Avenue ante el cual había pasado varias veces. Cuando entré miré a mi alrededor y me pareció el gimnasio más increíble que hubiera visto nunca. El chico de recepción era muy simpático y me ofreció una visita guiada. Todas las máquinas eran nuevas y relucientes, y, aunque no había mucha gente ejercitándose, todos ellos parecían personas ricas, de éxito y en buena forma física.

Me enseñó los vestuarios. Estaban como los chorros del oro e incluso olían bien. Me señaló la sauna y la sala de vapores. Después me llevó fuera y me mostró la piscina, con vistas al océano Pacífico. Yo estaba por desmayarme. Jamás había pensado que un gimnasio pudiera ser tan bonito. Se parecía más a un balneario o a un complejo vacacional.

Cuando volvimos al interior me preguntó si quería inscribirme.

«¿Estás de broma, colega? ¡Pues claro!»

Y entonces me paré en seco. Había olvidado preguntar cuánto costaba.

«Solo son doscientos dólares de tasa de inscripción y después ciento setenta y cinco al mes», dijo.

Se me encogió el corazón. Estaba avergonzado y me sentía derrotado. Bally's costaba treinta dólares y yo imaginé que en este sitio habría que pagar unos cincuenta al mes. Estaba a punto de sacar pecho y decir alguna estupidez del tipo: «Sí, me lo pensaré. Quiero mirar otros sitios antes».

Pero el tipo me pareció tan enrollado y simpático que pensé qué demonios, y me sinceré con él:

«Lo siento, colega, no puedo permitírmelo».

«Ah, no te preocupes —respondió—, puedo ser tu valedor para la tasa de inscripción.»

Me entró la risa.

«No, colega. Es que no puedo permitirme la tarifa mensual. Ni de lejos. Estoy desempleado por el momento.»

A lo cual él me respondió:

«¿Quieres un empleo?»

«¿Cómo?»

«¿Quieres un empleo?»

«¿Dónde?»

«Aquí. ¿Quieres trabajar aquí? Puedo ofrecerte un empleo. No se gana mucho dinero. Solo son seis dólares a la hora, pero tendrás acceso gratuito. Y si consigues que alguien se inscriba en el gimnasio te llevarás una comisión de doscientos dólares.»

Ese era yo, con veintiséis años de edad me ofrecían la misma paga que ganaba a los doce como lavaplatos. Pero eso no importaba, porque su respuesta me decía dos cosas: 1) Ese tipo era majo de verdad, porque estaba dispuesto a sacrificar su comisión de doscientos dólares para permitirme ingresar sin tener que pagar la tasa de inscripción; y 2) La perspectiva añadida de las comisiones me permitiría ganar dinero de verdad, porque yo no disponía de grandes conocimientos, pero tenía muy claro que era capaz de vender hielo en el Polo Norte.

Empecé a trabajar como un loco y a utilizar la sauna y la sala de vapores. Me sentía como un multimillonario. Al cabo de poco tiempo, empecé a trabajar como entrenador personal. Conseguía suscriptores y me llevaba las comisiones. Además, mi tarifa inicial como entrenador personal era de cincuenta dólares a la hora. ¡Estaba podrido de dinero! O al menos esa era la impresión que me daba. Como quien no quiere la cosa, llamé a Anna, la modelo con la que solía salir. No la había visto desde que pagó mi fianza tras el incidente de Texas. Pero ahora todo era diferente. Tenía dinero. Me sentía genial pudiendo permitirme llevarla a cenar y consentirle sus caprichos. Pronto tuve suficiente ahorrado para alojarme en Malibú y nos fuimos a vivir juntos. Era el apartamento más barato de la ciudad, pero venía con una llave para acceder a la playa privada más codiciada. Esta vez era yo quien pagaba por todo.

Así que vivía en Malibú, ganaba un montón de dinero y salía con esa maravillosa modelo islandesa. Por momentos, parecía que nada pudiera ir mejor. Entonces una noche que estaba haciendo horario nocturno como recepcionista en el gimnasio apareció por allí un tipo con la ropa muy sucia y que apestaba a cigarrillos. Me lanzó las llaves para que las guardara en recepción y me percaté de que junto a ellas también iba el recibo del aparcacoches. Me encantó. «¡Qué atrevido!», pensé. Miré la llave y se veía claramente que pertenecía a un Jeep Wrangler. «¡Qué atrevido!», volví a pensar. ¿Quién le deja un Jeep al aparcacoches? Me encantaba que ese pobre tipo con la ropa sucia y que apestaba a tabaco dejara su vehículo con el aparcacoches y se ejercitara en un gimnasio de lujo.

Esa misma noche, mientras estaba cerrando el local, se detuvo en el mostrador antes de salir del gimnasio y nos pusimos a charlar. Me preguntó de dónde era y le dije:

«Soy de Ohio».

Se echó a reír, a lo cual yo respondí:

«Que te den, colega. La gente de Ohio es lo mejor del mundo».

Él rio con más ganas todavía y dijo:

«Lo sé. Soy de Columbus».

Tras esto, reímos al unísono mientras lo acompañaba a la salida y cerraba el gimnasio.

La siguiente vez que vino tuvimos una excelente conversación sobre la vida, Ohio, California y los amigos que habíamos dejado atrás.

Cuando se marchaba me dijo:

«¿Puedo hacerte una pregunta personal?»

«Claro. Lo que quieras.»

Y me dijo:

«Pareces un tipo muy listo. ¿Qué haces doblando toallas en un gimnasio a tu edad?»

Se percató de que la pregunta me había destrozado por completo.

«Acabo de salir de la puta cárcel, colega. No es algo que se pueda poner en el currículo. Este es el único trabajo que he podido conseguir.»

Y entonces dijo algo que me pareció muy divertido y que no olvidaré jamás.

«Mira, dame un papel. —Garabateó un nombre y un número de teléfono—. Este es el número de mi asistente. Se llama Todd. Llámalo. Puedo conseguirte trabajo.»

¿De qué demonios estaba hablando? ¿Su asistente? Los asistentes son cosa de ricos. Este tipo no podía tener un asistente jamás en la vida.

Miente más que habla. Apesta a tabaco, tiene las uñas sucias y conduce un puto Jeep.

Al día siguiente, la curiosidad pudo más que mis prejuicios y marqué el número que me había dado. Todd lo cogió a la primera.

«Ah, hola, colega. Sí, Sam dijo que llamarías. ¿Quieres pasar por la oficina?»

«Claro», dije, al tiempo que pensaba: «¿Oficina?»

Me puse nervioso, así que recogí a Anna y fuimos juntos a la dirección que me había dado. La oficina estaba situada en Abbott Kinney, Venice, una interesante callecita flanqueada a ambos lados por vecindarios de una peligrosidad brutal plagados de delincuentes y traficantes de drogas.

Cuando entré en las oficinas me quedé de piedra. El personal era la rehostia. Todos iban vestidos con estilo y eran de lo más enrollado. Yo nunca había estado rodeado de gente de ese tipo, de artistas inteligentes y exitosos. Sam no se encontraba allí en ese momento, pero me reuní con Todd. No pude evitar preguntarle:

«No entiendo de qué va todo esto. ¿A qué carajo se dedica Sam?»

Todd me explicó que Sam Bayer era director de películas.

«¿Director? —dije, riendo—. ¿Cómo va a ser director? Si es director, por qué siempre que viene al gimnasio tiene la ropa tan sucia?»

Todd empezó a reír sin poder contenerse.

«Siempre tiene la ropa sucia porque también es camarógrafo y siempre está tirado por el suelo, filmando kilómetros y kilómetros de película, intentando conseguir el plano perfecto.»

Yo no tenía ni idea de qué me estaba hablando, pero él cambió de tema y me dio una hoja con el programa del rodaje del día siguiente. Estaba a punto de recibir mi bautismo en el mundo de la producción.

«Ah, trae a tu novia también, si quieres. Sam dijo que a lo mejor puede colocarla en un anuncio.»

Al día siguiente nos encontramos con lo que solo podría describir como una escena de guerra, un campo de batalla. Se veía a gente por todas partes, cientos de personas. Había camiones, autobuses, furgonetas, minibuses. Y allí estaba Sam, gritando desde la colina, gritando como un poseso y dirigiendo a todo el mundo.

«¿Qué están filmando?», pregunté a un miembro del equipo.

«Es un anuncio para Coca-Cola Diet.»

Me quedé anonadado. Antes de que me diera tiempo a procesar toda la escena, Sam me vio con el rabillo del ojo y me llamó:

«¡Eh, Kleo! —Así pronuncian mi nombre en Ohio—. ¡Ven aquí!»

Estaba fumando un cigarrillo y tomando café. Se le veía completamente estresado. Me dio un abrazo de oso y dijo:

«¿Qué pasa, colega?»

«Esta es mi novia, Anna», contesté.

Se dirigió inmediatamente a uno de los miembros de su equipo a gritos y le dijo:

«¡Lleváosla a maquillaje! ¡Vamos a intentar colarla en algún plano!»

Anna estaba de los nervios. Y yo peor que ella. Sam me dijo que me sentara, que ya hablaríamos después. Cuando habían transcurrido tres horas de rodaje de esa mañana, perdidos completamente en Antelope Valley, Sam gritó:

«¡Traed a la novia del chaval! ¡Traed a la novia del chaval! ¡Vamos a meterla en el plano!»

Aquello era un circo, literalmente. Era un puto circo. Había payasos, animales, gente corriendo de un lado a otro y polvo por todas partes. Sam estaba revolcado por el suelo con una cámara en la mano, y entonces entendí a lo que se refería Todd. Filmaba desde todo ángulo posible, gritando y dando voces todo el tiempo. Aquello era brutal.

Anna apareció con un vestido a la antigua y permaneció en la colina, mientras Sam se revolcaba un poco más por el suelo, después subía a una escalera, luego se sentaba en una silla, filmándola desde todos los ángulos posibles. Me pareció increíble que hiciera aquello. Supongo que le dimos pena y quiso que nos sintiéramos especiales.

Seis semanas después, cuando empecé mi tercer trabajo con Sam, nos sentimos realmente especiales. Uno de la oficina me dijo que Anna había pasado el corte para el montaje final del anuncio, que pronto emitirían por televisión. Solo con la primera vez que lo pasaron obtuvimos 75.000 dólares. Y, tras eso, empezaron a emitirlo constantemente.

Trabajar con Sam era un sueño y una experiencia vertiginosa. Era el primer artista de verdad con el que pasaba tiempo y, además, me quería, lo cual era una motivación extra. Me pagaban una fortuna, doscientos cincuenta al día más dietas en la mayoría de los rodajes. Sam era famoso sobre todo por sus videoclips musicales. Revolucionó completamente la industria con su primer video, que realizó para una banda desconocida llamada Nirvana. También realizaba anuncios, un montón, para las marcas más famosas del mundo. Incluso me coló en un anuncio de Nike en el que me aseguraron y pude conseguir la tarjeta del sindicato de actores.

Llegué a conocer a todo el mundo: The Rolling Stones, Smashing Pumpkins, Metallica. Era literalmente un sueño hecho realidad. Ni siquiera estoy seguro de cuál era mi puesto. Supongo que era ayudante del director. Lo que seguro que no era es director asistente, porque eso suponía trabajar de verdad. Lo que hacía era más o menos rondar por allí, hacer recados o llevar y traer a Sam del set de rodaje.

Sucedió algo curioso entre Anna y yo durante este tiempo. Cuando ganaba seis dólares a la hora y me costaba pagar las facturas, estábamos increíblemente unidos. Pero, ahora que empezaba a ganar dinero de verdad con Sam, la trataba mal. Siempre había sabido que ella estaba completamente fuera de mi alcance. Era una modelo islandesa rubia de ojos azules que pasaba del metro ochenta y yo un simple don nadie de Ohio que apenas llegaba al metro setenta y cinco. Los chicos siempre me preguntaban: «¿Cómo carajo llegaste a conocerla?» Una frase cuya traducción directa era: «¿Qué hace esa chica contigo?»

Siempre tuve miedo de que me abandonara. ¿Por qué no iba a hacerlo? Nunca había dado señales de que quisiera marcharse, pero no podía quitarme el miedo de la cabeza. Cuanto mejor nos iban las cosas y más me enamoraba de ella, mayor era mi miedo. Empecé a hacerle comentarios capciosos todo el tiempo. A veces le hablaba tan mal que le decía cosas como: «Lo que tienes que hacer es largarte de una puta vez, ya no quiero que te quedes aquí», solo para ver qué hacía ella.

Ella no creía las cosas que le decía. Ni siquiera yo lo creía. Esas eran las palabras que salían de mi boca, pero en mi interior pensaba justamente lo contrario. Lo que quería decir es: «Tengo mucho miedo de que me abandones», pero lo que expresaba era: «Eres una tonta del culo. Deberías largarte. No quiero seguir con esta relación».

No tenía ningún sentido, pero empezó a suceder cada vez con más frecuencia. Después siempre hacíamos las paces y teníamos unas relaciones sexuales extraordinarias, pero a la semana siguiente volvía a hacerlo otra vez. Supongo que verla llorar me otorgaba cierta sensación de seguridad. Así sentía que le importaba y que no se marcharía. Y, cuanto más me enamoraba de ella, más miedo tenía y más nos peleábamos.

Empecé a beber con mayor frecuencia, con un fervor que nunca antes había tenido. Y desplegué una arrogancia en el trabajo de la cual, obviamente, hoy me arrepiento. Sam era muy generoso conmigo y siempre me llevaba a cenar a Hama Sushi y Nobu, pero yo no paraba de echar pestes y quejarme por todo. Empecé a llegar tarde al trabajo y a veces tenía una resaca tan grande que ni siquiera me presentaba. Al final, me despidieron.

Cierto día, Anna llegó a casa con buenas noticias. La habían escogido para hacer un video musical para Michael Jackson. Creo que era un remix de *Blood on the Dance Floor*. Aquí en Estados Unidos, no obtuvo demasiada repercusión, pero en Europa fue una historia completamente diferente. Era el videoclip extranjero número uno. Las cadenas de televisión y radio de Islandia empezaron a llamarla sin parar para pedirle entrevistas.

Le dije que debería volver para hacer una visita, pero se negaba a hacerlo porque no íbamos muy bien de dinero. Había perdido mi trabajo con Sam, así que estábamos agotando nuestros ahorros con rapidez. Yo recordaba las tristes historias que me contaba de su infancia, cuando los otros niños se metían con ella por tener problemas en la piel y ser tan alta y desgarbada. Le insistí en que debía volver para mostrar a todos el gran éxito que había obtenido.

«Y ¿qué pasará con el alquiler? ¿Qué hay de las facturas?»

«No te preocupes por esas tonterías. Tienes que volver a casa. Hace cuatro años que no ves a tu familia.»

Al final, acabó emocionándose con la idea de volver de visita a Islandia. Súbitamente, nos llevábamos mejor que nunca antes. Yo supuse que cuando ella estuviera fuera podría concentrarme en buscar empleo. Faltaban dos semanas para que se marchara y ninguno de los dos tenía trabajo, así que pasábamos todo el tiempo juntos. No nos quedaba dinero para salir, con lo cual yo cocinaba todas nuestras comidas y me esforzaba a conciencia. Ponía mucho amor y atención al detalle en cada plato. Eran platos sencillos, comida de pobres, supongo. Muchos huevos y mucha pasta con salsa de tomate. Pero había amor en aquellos platos, amor y honestidad.

Cuando llegó el día en que se marcharía a Islandia se puso increíblemente nerviosa, y yo con ella. Pasó mucho tiempo andando de un lado al otro del apartamento mirando al suelo. Salimos pronto hacia el aeropuerto. Iba conduciendo por la autopista de Lincoln cuando Anna rompió a llorar.

«Oh, cariño, no llores. No pasa nada. Volverás dentro de dos semanas. Todo saldrá bien.»

Empezó a llorar con más ganas incluso. Ya me echaba de menos.

«No te preocupes por nada. He llamado a Dean Carr y me ha dicho que puedo trabajar con él.»

Continuaba llorando. Me apretó fuerte la mano. Me sentó genial que llorase de esa manera, que ya me echara tanto de menos. Nos estábamos llevando muy bien y me amaba. Y ese miedo, ese horrible miedo que yo sufría, había desaparecido, porque sabía que ella me quería.

«Te quiero», dije.

«Yo también te quiero», gimoteó al tiempo que me besaba la mano y la apretaba con más fuerza.

Cuando llegamos al aeropuerto, sus sollozos se convirtieron en un generoso llanto y empezó a atragantarse con las lágrimas. Era precioso. Mi corazón parecía a punto de explotar. Esta era mi chica. Yo la amaba, y ella me amaba a mí. Me sentía muy orgulloso por hacerla volver a Islandia para que pudiera mostrarle a todas esas personas malas que se habían burlado de ella cuando era pequeña el éxito que había cosechado. No podía más que imaginarme cómo la entrevistaban en todas esas cadenas de televisión y radio. Estaba muy emocionado.

Salimos del coche y nos besamos. Anna me apretó con más fuerza.

«Te quiero», repetí.

«Yo también te quiero», dijo ella mientras daba media vuelta y se marchaba.

No podía decírmelo mirándome a los ojos, porque le resultaba demasiado doloroso saber que estaría fuera dos semanas y que me echaría tanto de menos. Ver que estaba tan afligida me sentaba de maravilla.

Todo el camino de vuelta a casa me sentí genial. Estaba orgulloso. Me sentía seguro. Pensé en nuestro futuro como pareja. Pensé que incluso podríamos tener hijos algún día, aunque para eso quedaba mucho. Cuando llegué a casa calenté lo que había sobrado de pasta y decidí irme a dormir temprano, porque al día siguiente tendría que buscar trabajo para que cuando ella regresara nuestra situación fuera más cómoda. Al subir las escaleras para meterme en la cama, me entró un repentino ataque de pánico. No me había apuntado el número de teléfono de su madre. *Mierda*, había olvidado dejarme el número de su madre. *Joder*. Se lo había recordado veinte veces a propósito: «No olvides anotar el número de teléfono de tu madre en Islandia».

Bueno, da igual. Ya me lo dará mañana cuando llame.

Ese día nunca llegó. Es decir, llegó, pero ella no llamó. A media tarde ya estaba con los nervios completamente destrozados. Tal vez se hubiera retrasado el vuelo. Puede que simplemente estuviera atareada atendiendo a su familia. Me quedé dormido en el suelo junto al teléfono. Me desperté al amanecer, helado de frío, dolorido y con contracturas por la dureza del piso.

«¿Qué coño pasa?» A ese teléfono le sucedía algo. Estaba claro que tenía alguna avería. Lo conectaba y lo desconectaba sin parar. Llamé a un montón de amigos pidiéndoles que me devolvieran la llamada para asegurarme de que funcionaba. No paraba de ajustar el volumen. Llamé a la compañía telefónica tres o cuatro veces para pedirles que hicieran pruebas de llamada porque mi teléfono no funcionaba bien. Tal vez no aceptara llamadas internacionales o algo parecido. El servicio técnico me aseguró que sí las aceptaba.

Pedí a la compañía telefónica que me dieran el número de información de Islandia. Marqué el número y me respondió una mujer con un fuerte acento islandés. Le dije que estaba buscando a Anna Robertsdotter y que vivía en casa de su madre. Me dijo que había muchos Robertsdotter, ya que era un nombre muy común en Islandia. Allí todos los nombres llevan la terminación -son o -dotter. No es como en Estados Unidos.

«¿Cuál es el apellido de la madre?», me preguntó.

«No lo sé.»

«Bueno, entonces, ¿cómo espera que pueda encontrar el número?»

«No lo sé.»

Solo me permitían probar tres nombres por llamada, así que llamé repetidas veces para conseguir números de todos los que se llamaran Robertsdotter. Había miles de ellos. Tardé nueve días en conseguirlo. No comía. Me quedaba dormido en cualquier parte con el teléfono en la mano. Lloraba y después me entraban ataques de ira, una y otra vez, una y otra vez. Al noveno día encontré por casualidad a un conocido de alguien que conocía a una persona que era amiga del padre de Anna y conseguí su número de teléfono. Lo llamé y contestó él mismo. Me dio el número de teléfono de casa de la madre de Anna. Contestó al segundo tono. No su madre, sino ella.

Al principio solté el teléfono. Después grité: «¿Qué coño estás haciendo?»

Me colgó. Volví a llamar. Anna contestó al teléfono.

«¿Qué coño estás haciendo? ¿Qué coño ha pasado?»

Volvió a colgar. La llamé de nuevo.

«Anna, por favor. No cuelgues.»

«¿Qué pasa?»

«¿Cómo que qué pasa?»

«¿Qué quieres?»

«Quiero saber qué es lo que sucede. ¿Cuándo vuelves a casa?»

«No voy a volver a casa. Ya no te quiero. No vuelvas a llamar a este número, por favor.»

Y me colgó. Volví a llamarla una vez tras otra, pero nadie contestó. A veces sí contestaba alguien y después colgaban el teléfono. Al cabo de unos minutos, dejé de insistir.

Vi una luz cegadora. Alcé la vista y un tren de mercancías cargado con angustia, miedo, dolor y abandono me golpeó de lleno y me destruyó... Me rompió en mil pedazos. Morí. Me hice un ovillo y me dejé morir. Me quedé tumbado en el suelo, en un charco de agua pútrida, estancada y ponzoñosa.

Ni siquiera puede decirse que estuviera llorando. No sé qué representaban esos sonidos. Eran guturales, viscerales y horrendos. Quejidos, gruñidos y aullidos. Lloré y lloré durante toda la noche. Empecé a tener arcadas. Empecé a hiperventilar y después tuve más arcadas. No sé cuánto tiempo duraría aquello, supongo que varios días. Tal vez una semana. Estaba muerto de hambre, con la boca agria y con sabor a veneno.

Cuando finalmente me decidí a comprar comida y cigarrillos, los vecinos me miraban con cara rara, o simplemente me evitaban. Seguramente me habrían oído. Me odiaba a mí mismo y quería morir, y, si no hubiera estado completamente convencido de que ardería en el infierno durante toda la eternidad, habría hecho algo para solucionarlo. Nunca más volvería a confiar en nadie. Nunca más volvería a amar. Nunca más volvería a vivir. La oscuridad se había apoderado de mi alma de nuevo y yo la dejaba hacer a voluntad. Se la ofrecía como regalo. Y las puertas se abrían de par en par para que la adicción tomara las riendas.

Un viejo compañero del gimnasio, Aaron, un chico indio, resultó ser compañero de piso del manager de la banda Porno for Pyros, que respondía al nombre de Roger. El cantante de la banda era Perry Farrel, el que fuera líder de Jane's Addiction (uno de mis grupos favoritos) hasta que se separaron.

Conocí a Perry a través de Aaron y Roger. Se emocionó mucho cuando supo que tenía la llave de aquella playa privada. Le encantaba el surf y empezó a hacerme visitas. Yo solía ir a la bocatería más cercana, John's Garden, y compraba bocadillos vegetarianos para ambos mientras él surfeaba, ya que yo no sabía y temía hacer el ridículo en el agua. Cuando nos sentábamos en la playa, Perry se ponía a hablar y no paraba. Nunca llegaba a entender realmente de qué mierda estaba hablando. Hablaba sin cesar sobre los pájaros, el planeta y todo tipo de cosas raras que yo no era capaz de seguir. Pero eso no me importaba. Estaba hablando con el tipo que cantaba *Mountain Song*, el himno de mi llegada a Los Ángeles.

Poco después, supe que Perry había decidido volver a reunir a Jane's Addiction. Dos semanas más tarde organizó una fiesta previa al primer concierto de la gira *Relapse Tour*. Pasé temprano por casa de Aaron y fuimos con Roger a la casa contigua, donde vivía Perry. En cuanto entré por la puerta, me crucé con él.

«¡Eh!», dijo Perry al tiempo que me pasaba una pastilla.

¿Qué haces cuando el cantante de tu grupo favorito te da una pastilla en su propia casa? Te la tragas, y eso fue justamente lo que hice. La ansiedad tardó en afectarme unos cinco minutos. Busqué por toda la casa hasta encontrar a Aaron.

«¡Joder, colega! Perry me ha dado una pastilla. ¿Qué era?»

«Ah, tranquilo —respondió Aaron—. Es éxtasis.»

«No, no, no.»

Sentía que me invadía el miedo y no sabía si era debido a la droga o a un ataque de pánico verdadero.

«Eh, colega. Cálmate —dijo Aaron—. Toma una de estas.»

Me dio una pastilla y me la tragué sin pensar, de nuevo.

«¡Espera! ¿Qué coño acabas de darme?»

«Era un Swedish Quaalude. Te calmará.»

«¡Joder, colega! —grité—. No puedo tomar estas pastillas como si nada. Me va a dar algo. Tengo ataques de pánico. No puedo tomar psicoactivos. ¡Va a darme un ataque!»

Aaron simplemente me miró y sonrió.

«No va a darte ningún ataque. Estarás bien. Tú tómate unas cervezas y ya verás.»

Y eso hice. Después, fumé un par de cigarrillos. Todos empezaron a emocionarse mucho, ya que había llegado la hora de ir al concierto. Nos subimos a una de las muchas limusinas que había aparcadas en la puerta y nos llevaron al Grand Olympic Auditorium de Los Ángeles. Perry tenía que subir al escenario en cuanto llegamos, y el resto de nosotros recogimos nuestros pases VIP y nos dirigimos a la platea.

Estaba todo a oscuras. Los sonidos graves de un *didgeridoo* y el rasgar de las cuerdas de la guitarra ahogaron los gritos de los seguidores. Se produjo una explosión de luz y sonido y la muchedumbre se volvió loca. Las pastillas me subieron de golpe. Me sentía como si estuviera montado en una montaña rusa. Intenté ponerme alerta y controlar, incluso aguanté la respiración un poco, pero era demasiado tarde. Las drogas y la música se habían combinado para crear un estado de euforia que no se parecía a nada que hubiera sentido antes. Una bomba atómica de felicidad. Un baño de dopamina y serotonina en cantidades inmensas, excesivas y fuera de lo común. Cualquier miedo que había experimentado hacia el uso de psicoactivos, y, lo que es más importante, a perder el control mientras estuviera bajo su influjo, desapareció por completo para nunca más volver. Me sentía poderoso, invencible, inmortal. No era el simple subidón egomaníaco de alternar con una estrella del rock en una limusina llena de *strippers*. No, era algo diferente. Era un estado de éxtasis en completa unión con el universo.

Al día siguiente, desperté solo en la Westward Beach de Malibú. No recordaba cómo había llegado hasta allí. Estaba sudando intensamente y no llevaba camiseta ni zapatos. Me enjugué el sudor de la cara con las manos y al mirarlas vi manchas de perfilador de ojos y maquillaje. Seguramente tenía toda la cara restregada.

El primer pensamiento que acudió a mi mente fue: «Mierda, tengo que conseguir más éxtasis de ese. Me pregunto si podré comprarlo en grandes cantidades».

Llamé a Aaron para preguntarle y me dijo que lo de la noche anterior era un tipo de éxtasis muy particular que habían cortado con heroína especialmente para Perry. Supongo que tendría que haberme cagado de miedo, ya que acababa de enterarme de que había tomado heroína por primera vez en mi vida, pero desafortunadamente me entusiasmé con la idea y solo sirvió para aumentar mi emoción y mis ganas de encontrar más.

En un par de días había comprado cien pastillas y me dediqué a venderlas. Saber dónde conseguir marihuana hizo que resultara útil para los ricos y famosos, pero acceder a ese éxtasis me convirtió en una maldita celebridad. Me invitaban a todas las fiestas, coseché lo que parecían amistades increíbles con actores secundarios y de reparto y conseguí un pequeño arsenal de números de teléfono de modelos y de camareras.

Mis nuevos proveedores no eran como los *hippies* de los condados de Marin y Humboldt, blanquitos de buena familia con rastas seguidores de la banda The Dead. Estos eran traficantes de verdad. Rápidamente pasé de comprar paquetes de cien a paquetes de mil, a los que llamaban *boats* («barcas»). El proceso de compra cambió radicalmente. Yo estaba acostumbrado a entrar en casa de alguien de clase media alta de un barrio residencial de mayoría blanca, entregarles el dinero después de fumar con ellos y obtener a cambio una bolsa con la droga. Esta vez hubo una serie de llamadas telefónicas e instrucciones muy precisas. La última decía: «Dirígete a esta dirección y espera».

Así que eso hice.

Cuatro hombres con gorros de lana de color gris oscuro y abrigos salieron de la nada y rodearon mi coche. Eran auténticos profesionales y solo pensaban en hacer negocios. Afortunadamente. Si hubieran sido aficionados, es probable que hubieran tomado los ocho mil dólares en metálico que les entregué tan ingenuamente y se hubieran marchado sin más, o que me hubieran matado. Nadie lo habría sabido ni le habría importado. Pero aceptaron el dinero y volvieron con las mil pastillas porque sabían que regresaría otro día con más dinero.

«No vuelvas a traernos billetes de veinte.»

Reí presa de nerviosismo, lo cual fue completamente estúpido por mi parte. Un gesto idiota por el que fácilmente habría podido recibir un tiro. Sabía que debería estar aterrorizado, pero aquello me parecía muy glamuroso.

Compré las pastillas a ocho dólares cada una y las vendía a entre veinte y treinta dólares. Tenía a otros que vendían para mí, amigos que querían ganar un dinero extra, con lo que las mil pastillas volaban enseguida. A veces, cuando íbamos de fiesta, se vendían en cuestión de un par de horas. Podíamos contarle honestamente a los compradores el subidón que producían, porque lo primero que hacía después de conseguir la «barca» era partir una de las pastillas por la mitad, tragármela, y después machacar la otra mitad y esnifarla.

Me hice amigo de un grupo de chicas a las que vendía en todas las fiestas y un día una de ellas dijo que su madre quería comprar éxtasis. Realicé la venta y acabé saliendo con la chica, Jennifer. Nuestra historia evolucionó rápidamente, como suele pasar con las relaciones impulsadas por las drogas. Sus padres estaban preocupados por nuestra seguridad, debido a nuestro estilo de vida, y sugirieron que me fuera a vivir con ellos, lo cual hice. Solo que vivían en Malibú…

Mi consumo de drogas aumentó vertiginosamente. Me atiborraba de éxtasis y no comía ni dormía durante días. Después tenía una crisis. Me despertaba y pensaba: «Dios, me siento fatal. ¿Qué estoy haciendo? Soy un camello. Vendo éxtasis en fiestas. Es asqueroso». Eran momentos en los que intentaba sentar cabeza y encontrar un trabajo honrado… durante una semana, más o menos. El dinero y la adrenalina de comprar, vender y tomar éxtasis eran demasiado atractivos.

Empecé a alternar con gente que traficaba con drogas más fuertes que el MDMA con el que yo traficaba, como el GHB o la Ketamina, que es un anestésico médico. Nos dijeron a mí y a mis amigos que podíamos conducir hasta Tijuana y comprar legalmente cualquier cosa que quisiéramos. Xanax, Valium, lo que fuera. Éramos como niños en una tienda de caramelos. Pronto caímos en la rutina de comprar botes de pastillas, metérnoslas bajo los leotardos o las calcetas deportivas largas que llevábamos bajo los pantalones y pasarlas de contrabando en la frontera. Esto era antes del 11-S, y al ser estadounidenses los agentes de aduanas nunca nos molestaban. A nuestro regreso vendíamos las pastillas por el ochocientos por ciento de su valor.

Pasar la Ketamina de contrabando era una historia completamente diferente. Las tiendas de veterinaria las vendían en ampollas. Comprábamos cajas enteras, abríamos las ampollas y vertíamos el líquido transparente en botellas de agua. Funcionaba a la perfección.

Salvo en una ocasión.

Regresaba al país en autobús y me detuvieron en la frontera estadounidense. El agente me sacó del autobús y señaló mi botella de agua.

«¿Qué llevas ahí?»

«Nada», respondí.

Era GHB puro.

«Bebe un trago», dijo.

«Claro.»

La abrí y le di un largo trago, mucho más de lo necesario, para asegurarme de que se quedaba satisfecho. El GHB empezó a subirme de inmediato, pero mantuve la compostura hasta que el agente me permitió volver al autobús. Faltó poco para que no lo consiguiera. Para cuando regresé a mi asiento estaba en la mierda más absoluta, tanto en sentido figurado como literal. De hecho, me cagué en los pantalones. Pero no me atraparon.

Poco después de eso, mi novia Jennifer y yo volvimos a México para comprar Ketamina en cantidades industriales. Saqué un fajo de billetes, separé la mitad para el propietario de la tienda y me guardé el resto en el bolsillo. Ya había hecho negocios en ese local y normalmente recogíamos la mercancía en la trastienda para evitar que nos viera mucha gente. Esta vez el tipo dijo: «Ah, no hace falta que vayáis a la trastienda. Podéis subir al piso de arriba y mis chicos os ayudarán».

«¡Qué amable! —pensé—. Nos van a ayudar a abrir todas esas ampollas y a verterlas en las botellas.»

Así que Jennifer y yo seguimos a cinco de sus chicos al piso superior y
nos dispusimos a vaciar las ampollas. Al principio los chicos nos ayudaron,
pero después un par de ellos dejaron el trabajo y empezaron a merodear
por el lugar como si esperasen algo. Me percaté de que estaban a punto de
jodernos vivos. Era Tijuana en 1999 y esos chicos podían matarnos y arro-
jarnos a un puto vertedero sin que nadie se preocupara por ello.

Empecé a sentirme invadido por una sensación que nunca antes había experimentado. Tenía calor. Noté cómo me palpitaban las sienes. El
miedo pronto se convirtió en rabia, a medida que metía la mano bajo mi
camisa como si llevara un arma. Miré a cada uno de los hombres a cámara lenta con cara de asesino. Mantuvieron la mirada. Yo aguanté con más
fuerza. No me atrevía a parpadear ni a mirar a otra parte. Me pareció una
eternidad y empezaba a sentir el sudor que chorreaba por mi espalda,
pero no pestañeé. No hicieron falta palabras. Todos entendieron tácita-
mente que, en caso de que se acercaran más, uno de ellos moriría, si no
varios.

Se lo tragaron. Empezaron a retroceder y arrojé toda la Ketamina y
las botellas de agua al interior de una bolsa, derramando un montón en el
proceso, pero no me importó. Mantuve la mano bajo la camisa y vencí a
los tipos con la mirada mientras salíamos de la habitación de espaldas; y
después corrimos como posesos.

Podrían habernos matado fácilmente. Por desgracia, esto se convertiría en un tema recurrente en mi vida.

Estábamos en 1999 y había fiestas de música electrónica cada fin de semana. Mis días transcurrían en una bruma de drogas, sexo y festivales.
Nos metíamos éxtasis el viernes por la noche y estábamos de fiesta hasta
el domingo por la mañana, tras lo cual tomábamos varios Xanax y quedá-
bamos fuera de juego hasta el lunes por la noche. Nos levantábamos para
comer y después volvíamos a la cama. Pasaba el resto de la semana relati-
vamente sobrio y después volvía a la carga de nuevo.

Me sentía intocable. La policía me detenía con cantidades de droga inmensas en el coche y me dejaban marchar sin haberme registrado. Tenía antecedentes penales, y en caso de que hubieran encontrado las drogas habría permanecido en la cárcel hasta el día de hoy.

A medida que avanzaba el año, las cosas empezaron a tornarse más grises. Unos cuantos de nosotros fuimos al primer festival de Coachella en octubre. Para entonces ya tomaba éxtasis a partir de los miércoles, e incluso algunos martes, y estaba sin dormir hasta el domingo, para desfallecer después durante dos días.

Recuerdo perfectamente cuando mi amigo David y yo fuimos a recoger a Eden, una chica divertida y revoltosa con la que solíamos salir de fiesta. Una niña nos abrió la puerta. Se quedó mirándonos con los ojos más grandes y azules que jamás hubiera visto, viendo directamente el interior de nuestras almas, lo cual supongo que no era una visión muy bonita.

«¿Quiénes sois vosotros?», preguntó.

«Yo soy Khalil.»

Me cerró la puerta en las narices. Eden vino a la entrada, se disculpó y nos dejó pasar. La esperamos en el salón mientras ella terminaba de arreglarse. La niña se quedó mirándome durante todo ese tiempo con sus enormes ojos azules, esos ojos inocentes, pero capaces de verlo todo. Me quedé avergonzado en mi asiento, consciente de que cualquier traza de pureza con la que hubiera nacido había desaparecido del todo para nunca volver.

Cuando nos marchábamos, le di un codazo a David a modo de broma y le dije: «Algún día me casaré con esa chica».

David me rio la gracia.

Me tomaba a broma a cualquiera que pudiera sugerir que yo era un drogadicto, que tenía que bajar el ritmo y andarme con más cuidado. Daba por sentado que estaban celosos del glamur de mi estilo de vida. Pero había una parte de mí, aunque fuera minúscula y silenciosa, consciente de que era un traficante de drogas y adicto de veintiocho años, de que mi vida no era como había planeado cuando salí de Toledo. Pero lo justificaba diciéndome que estaba manteniendo a raya la depresión y el pánico, y que gracias a la fiesta había conocido a tres músicos de gran talento que me habían invitado a formar parte de su banda como cantante.

Hasta ese momento la música había desempeñado un papel fundamental en mi vida y en mi supervivencia. Cuando tocaba con ellos veía claro que esa era la razón por la que había venido a California. Era mi destino. Así que las drogas y las fiestas estaban simplemente incluidas como parte del trato.

Dos de mis nuevos compañeros de grupo se metían heroína. Heroína de verdad, no éxtasis cortado con heroína. Al principio la evitaba. Por algún motivo había imaginado que se trataba de una forma de colocarse glamurosa, algo que solo las modelos y las estrellas del rock podían permitirse. Pero estos tipos la fumaban en papel de aluminio y la aspiraban sobre el culo de una lata de cerveza. Olía horrible. Pero, por más asqueroso que pareciera, yo sabía que probarla solo era cuestión de tiempo.

Estábamos en una fiesta en casa de mi amigo Todd, sobre uno de los cañones que hay cerca de Malibú. Organizaba unas fiestas épicas, una especie de *rave* en versión reducida, y cobraba diez dólares a todos los que entraban. Aquella vez había unas doscientas personas allí dentro. La música era atronadora, todo el mundo iba colocado de éxtasis y todos me amaban, dado que yo era el proveedor. Podía conseguir prácticamente lo que quisieran y siempre bromeaba con ir a comprar heroína.

«Eh, vamos a pillar un poco de caballo.»

«¿Cuándo nos meteremos algo de heroína?»

Solo lo hacía para escandalizar. Había algo en esa droga que me aterrorizaba. Me abrí paso hasta la habitación de Todd, que era como una fiesta privada dentro de la fiesta. Allí era donde estaba la gente más enrollada. Yo hacía lo de siempre, colocarme hasta las cejas y seducir a cualquier chica que quisiera dedicarme su atención. Había unos tipos en la puerta que querían entrar, pero no tenían dinero para pagar la entrada. Eran amigos de mis compañeros de grupo, así que los dejé pasar y me siguieron hasta la habitación de Todd.

Uno de ellos me preguntó:

«¿Tienes éxtasis?»

«Sí, a veinte cada una. Pero vosotros, obviamente, no tenéis dinero.»

«Bueno, ¿te interesa un intercambio?», dijo el chico.

«¿Un intercambio? ¿Qué quieres intercambiar?»

«¿Quieres heroína?»

La habitación se quedó en silencio.

«¿Quieres, o no?», volvió a preguntar.

«Sí —respondí—. Claro.»

«Dame un par de éxtasis.»

«Enséñame la heroína», dije.

Sacó un pequeño globito y lo abrió con los dientes, mostrando una masa negra viscosa. Agarró una lata de cerveza vacía, le cortó el culo, le dio la vuelta y puso la heroína en ella como si se tratara de una sartén diminuta. La calentó con un mechero para hacer que la masa se pusiera líquida y después pidió un bolígrafo. Le quitó el capuchón y sacó la tinta, tras lo cual cortó la punta del tubo con un cuchillo para hacer una pajita con él. Y después me lo pasó.

Yo me quedé mirándolo.

«¿Qué?»

«Ahí la tienes.»

«¿Qué se supone que tengo que hacer con esto, bebérmelo?»

«Mira, colega, no estamos en *Pulp Fiction*. Esto es de verdad. Esto es heroína. ¿Quieres o no?»

Varios de los que había en la habitación rieron. Me sentía de regreso en Toledo, cuando todos esperaban a que diera marcha atrás en mi decisión de trasladarme a California. Volvía a verme atrapado en mi propio ego y mi gran bocaza.

«Sí, sí —contesté—. Claro que quiero.»

«Mira —dijo, y después aspiró por la nariz un poco de líquido a través del tubo—. Así se hace.»

Volvió a pasarme el tubo. Lo cogí y aspiré el resto. Un adormecimiento cálido se expandió a través de todo mi cuerpo al tiempo que mi espalda resbalaba por la pared en la que estaba apoyado. Era una sensación de consuelo, tranquilidad y paz. Me quedé allí desplomado sobre la pared, atendiendo a la sinfonía del éxtasis, la Ketamina y la heroína, que tocaban al unísono.

En cuanto a esos tipos que me dieron la heroína, no me cayeron bien en absoluto, pero no quepa la menor duda de que les pedí el número de teléfono. Quería más. Me encantaba cómo me hacía sentir, pero también que la gente se asustara tanto cuando me la metía frente a ellos.

Al mismo tiempo la odiaba. Olía fatal, me provocaba vómitos y me llevaba a rascarme las piernas, los brazos y la nariz hasta que los tenía en carne viva. Cuando mi novia Jennifer me preguntó por qué seguía haciéndolo, reí y le dije: «¡Porque soy músico!»

Lo cierto es que la heroína me proporcionaba algo que siempre había querido: una infancia. Tenía el cerebro frito de tomar tanto éxtasis, ácido, Ketamina, GHB, hongos alucinógenos, etcétera. Los niveles de placer a los que estaba forzando a mi mesencéfalo mediante el romance químico que mantenía con todas esas drogas ilegales eran simplemente imposibles de sobrellevar. La heroína era diferente. Solo tenía que inhalar una vez para sentir paz y calma, sin depresión, sin ansiedad, sin hambre, sin dolor, sin nada en realidad. Estaba aislado y protegido, caliente y relajado, seguro. Escribía canciones y poesía. Pasaba la mayor parte del tiempo fantaseando, en un estado de duermevela en el que tenía sueños lúcidos. Mi recién iniciada relación amorosa con la heroína no me dejaba tiempo para el trapicheo de drogas diario, pero conseguí cerrar un par de tratos buenos vendiendo Ketamina al por mayor a un organizador de fiestas de música electrónica de Hollywood. Me compré unas gafas de sol Jean Paul Gaultier y ropa Chrome Hearts con el montón de dinero que saqué y empecé a deambular por ahí como si llevara siempre un séquito de tres personas cubriéndome las espaldas.

Cierta noche estaba viendo tocar a una banda en Malibu Inn puesto hasta arriba de heroína y éxtasis. Salí a fumar un cigarrillo y vi que había un actor (digamos que se llamaba James) junto a un grupo numeroso de chicas. Yo también iba acompañado por algunas chicas y me dijo que me acercara.

«Eh, toma asiento.»

Me fundí en el interior de las sillas que había alrededor de su mesa, con la euforia que me proporcionaba la coctelera química que llevaba encima.

«¿Quieres un tirito de base?», me preguntó.

Yo no tenía ni idea de lo que era «un tirito de base», pero no estaba dispuesto a hacer el ridículo.

«Sí, claro.»

Me pasó una pipa de cristal. Le di una calada e inmediatamente sentí un efecto estremecedor. Parecía que mi corazón estuviera a punto de estallar, pero no era una sensación mala. Empezaron a pitarme los oídos. Me agarré a los brazos de la silla para evitar saltar hacia el espacio. Tenía algo orgásmico. Era la sustancia más poderosa que me había metido en el cuerpo y no cabía la menor duda acerca de ella: era mala. Nociva como la muerte. Era tan mala como robar un banco y salirte con la tuya, pero joder si sentaba bien.

«Cielo santo», dije.

Era cocaína en forma de crack. Pero en Malibú nadie la llamaba «crack», eso era para los drogadictos pobres del interior de la ciudad. Aquí se llamaba «pasta base» o «base». La pasta base es una forma de cocaína fumable que se extendió durante la década de los años setenta al ser procesada con éter. Nosotros, por otra parte, lo que fumábamos era cocaína procesada con bicarbonato y agua, también llamado «crack», pero nos referíamos a ella como «pasta base» para tranquilizar nuestra conciencia.

James sonrió y me invitó a una fiesta en casa de un amigo suyo. Estuvimos todos fumando crack hasta que salió el sol. Después fui a casa de Jennifer. No podía creer lo que había hecho. Estaba a punto de echarme a llorar cuando la desperté y le dije: «Acabo de estar toda la puta noche fumando crack. Ha sido la cosa más asquerosa de toda mi vida». Le dije que era como chuparle la verga al diablo.

«Me siento perverso. Nunca, nunca jamás en la vida volveré a meterme esa mierda.»

Aguanté dos días.

Llamé a James y aparecí por su casa con suficiente heroína como para aniquilar a un pequeño ejército. Él ya tenía una onza de crack cocinada. Fumamos durante tres días seguidos. Era invencible. Me sentía como si pudiera hacer cualquier cosa que me propusiera. No tengo ni idea sobre baloncesto, pero estaba completamente seguro de que si quería podía ha-

cer las pruebas para entrar en Los Angeles Lakers y que me selecciona-
rían para el equipo sin importar el factor de que midiera un metro setenta y cinco. Cuando paramos de meternos al fin, volví a sentirme sucio,
oscuro y asqueroso. Daba más miedo que cualquier otra cosa que hubiera
probado antes. Más que estar en el funeral de una persona querida. Pero
descubrí que podía contrarrestar esos sentimientos si fumaba grandes
cantidades de heroína, y al final conseguía conciliar el sueño.

Las personas que me rodeaban veían el camino por el que iba, a pesar
de que yo no fuera capaz de hacerlo. Llevaba tres meses fumando heroína
cada tres horas y ahora me metía crack. Mis amigos intentaron hablarme
del tema, pero yo me reía, o me metía con ellos por no tener mi entereza
para manejarse con las drogas.

Hasta que cierta mañana me levanté de la cama en la casa que compartía con Jennifer en Decker Canyon, abrí el cajón de las drogas como
siempre hacía, saqué de su interior un tubito y papel de aluminio, coloqué
sobre él un poco de mi «alquitrán» y me puse a fumar. Cuando pasábamos varios días de fiesta era habitual que hubiera gente pernoctando en
casa, y Amy, la hermana pequeña de Jennifer, estaba durmiendo en el
sofá. Se despertó y me observó durante unos minutos sin que yo me percatara.

«¿Qué estás haciendo?», me preguntó.

Yo seguí fumando mi alquitrán.

«¿Qué quieres decir?»

«¿Por qué estás haciendo eso ahora?»

«¿Cómo? ¿A qué te refieres?»

«Son las ocho y media de la mañana de un domingo —contestó
Amy—. ¿Por qué haces eso?»

«¿Qué más da? Solo quiero fumar un poco. Estoy de resaca.»

«¿Por qué no lo dejas?»

«Porque no quiero», respondí.

«¿Lo dejarías por mí?», dijo Amy.

«Puedo dejarlo cuando quiera.»

«¿Cuando quieras?»

«Sí, Amy, por supuesto. Puedo dejarlo cuando quiera.»

«Genial —dijo—. Pues déjalo ahora.»

Aquello era un desafío y mi ego no me dejaría tirado. Aparté el papel de aluminio y el tubito.

«Sin problemas.»

Parecía escéptica.

«Entonces, ¿vas a dejarlo ahora?»

«Sí, por supuesto.»

Había visto *Trainspotting*. Sería capaz de conseguirlo.

«Genial —dijo Amy—. ¿Qué tenemos que hacer ahora?»

«Solo hay que buscar una habitación de hotel. Conduciremos hasta Tijuana, compraremos algo de Xanax y Valium. Y un gramo de alquitrán, solo por si acaso. No me pasará nada.»

Lo tiré todo a la basura. Todos esas sucias pipas pegajosas, los encendedores y las pajitas. Fuimos a Santa Mónica, compré un gramo de heroína y se lo entregué a Jennifer. Lo puso en la guantera y comenzamos el trayecto hacia Tijuana.

El tráfico estaba fatal y cuando llevábamos unas tres horas de viaje empecé a sentir mareos. Eran unas náuseas raras como nunca antes había sentido. No sabía qué me sucedía. Creía que tenía la gripe.

«¿Sabéis qué? —dije—. Necesito parar y buscar un hotel. Mañana podemos ir a Tijuana y comprar las pastillas.»

Alquilamos una habitación en un hotel cerca de la frontera y me quedé dormido hasta las diez de la noche. Cuando desperté tuve una explosión de vómitos y diarrea. Ni siquiera conseguí levantarme de la cama. Era irrefrenable. Jennifer y Amy no paraban de darme Gatorade, pero volvía a expulsarlo inmediatamente por una salida u otra. Así pasé toda la noche. Estaba cubierto de mierda y vómito de la cabeza a los pies y no paraba de gritar. Jennifer y su hermana dormían juntas en la cama de al lado y tuvieron que escucharlo todo. Seguramente tenía el aspecto y sonaba como si estuvieran haciéndome un exorcismo. Amy no podía parar de llorar.

Estaba convencido de que moriría. No tenía ni idea de lo que me pasaba. No era consciente de que se trataba del mono. Creía que tenía algo muy grave, que había contraído alguna enfermedad letal.

Al día siguiente la habitación de hotel parecía la escena de un crimen y el olor era insoportable. Recogimos nuestras cosas y nos marchamos, y nos dirigimos al otro lado de la calle para alquilar una habitación en el hotel de enfrente. En un breve momento de lucidez me percaté de que no era la primera vez que presenciaba algo parecido. Le había estado comprando heroína a un tipo llamado Chris, al cual había conocido en el McDonald's. Había un amigo con él, un chico muy amable llamado Hunter. Iba a llevarlos en coche a la casa de su camello para que pudieran comprarme un gramo. Hunter estaba temblando y tenía la cara verde. Me dijo: «Espera». Corrió al bidón de la basura y se puso a vomitar.

«¿Qué le pasa?», pregunté a Chris.

«Ah, no le pasa nada —dijo—. Tiene el síndrome.»

«¿El síndrome? —pregunté—. ¿De qué estás hablando?»

«Tiene el mono —respondió Chris—. El síndrome de abstinencia. Se pondrá bien. Solo necesita un poco de alquitrán.»

No podía dejar de pensar en ello mientras estaba en esa habitación de hotel temblando y retorciéndome, sintiendo escalofríos en todo el cuerpo. Todo olor me parecía horrible. No podía parar de vomitar. Me dolía todo el cuerpo. Intenté darme una ducha, pero cuando el agua tocaba mi piel era como si me quemara con fuego. Dolía independientemente de la temperatura a la que la pusiera.

En aquel momento no me percaté de ello, pero llevaba tres meses tomando un calmante muy potente. Había remplazado toda mi dopamina natural por heroína y mi cuerpo no sabía cómo operar sin ella.

Entre sollozos y vómitos dije a Jennifer: «Tengo que ir al hospital. Sé dónde hay que ir».

Mucho antes de convertirme en un auténtico drogadicto, en los tiempos en los que limpiaba coches y vendía marihuana, conocí a un tipo en casa de Axl que se llamaba Shannon. Era de Indiana, el estado vecino de Ohio, y eso creó cierto vínculo entre nosotros. Shannon acababa de firmar un acuerdo con una discográfica para grabar un disco con su banda Blind Melon y, según sus propias palabras, estaba «más contento que un perro con dos rabos». Podría decirse que mantuvimos el contacto, aunque tampoco mucho, hasta un día que me llamó diciendo que se encontraba en una clínica de desintoxicación llamada Exodus en Marina Del Rey. Fui a visitarlo un par de veces. Y ahora estaba seguro de que esa clínica era el sitio al que tenía que acudir.

Jennifer y Amy me llevaron hasta allí. Les dije que esperasen en el coche. No quería inscribirme en el programa, sino conseguir la medicación que detenía los efectos del síndrome de abstinencia.

Se trataba de un edificio con entrada restringida, así que me colé por la puerta trasera detrás de dos enfermeras a las que abrieron la puerta.

Me dirigí directamente al mostrador de recepción, todavía con temblores y náuseas.

«Necesito medicación. Creo que voy a morir.»

La enfermera dijo:

«De acuerdo, ¿qué le sucede?»

«Simplemente necesito medicación. Me muero.»

Uno de los miembros del personal dijo:

«Espera un momento. ¿Dónde está tu pulsera?»

«¿Qué quieres decir?», respondí yo.

«¿Quién eres?», preguntó.

«Ah, eh, bueno…, solo necesito medicamentos.»

Llamaron a seguridad inmediatamente. Los guardias me arrastraron hasta la puerta, mientras lloraba y temblaba sin poder controlarme. Había un médico que salía en ese momento y estiré un brazo hacia él.

«Ayúdeme, por favor. ¿Podría usted ayudarme, por favor?»

Se llamaba doctor Waldman. Detuvo a los guardias de seguridad y me preguntó:

«¿Qué le pasa?»

Mi respuesta fue:

«Estoy en pleno síndrome de abstinencia y voy a morir. Ayúdeme, por favor. Ustedes ayudaron a mi amigo Shannon cuando estuvo aquí».

«¿Shannon qué más?», preguntó el médico.

«Shannon Hoon», contesté.

«¿Tiene usted seguro médico?»

«No.»

«¿Tiene dinero?»

«No —dije—. Mire, soy un heroinómano. Necesito ayuda. Tengo un gramo de heroína en el coche, pero no voy a metérmelo, porque no quiero volver a estar así de enfermo.»

El doctor Waldman me preguntó:

«¿Tiene un gramo de heroína en el coche y no quiere hacer uso de él?»

«Sí.»

Me miró con suspicacia y dijo:

«Muéstremelo».

Lo acompañé al coche junto a Nile, uno de los auxiliares.

«Jennifer, dame el gramo.»

Me miró con desconcierto, abrió la guantera y me pasó la bolsita. Se la entregué a Nile, que lo abrió, miró su interior y dijo:

«¡Madre mía! Esto es completamente increíble».

«Venga conmigo», me dijo el doctor Waldman.

Después le pidió a Nile que fuera a tirar la bolsa de heroína al retrete.

Me llevó a su despacho, me hizo unas preguntas y revisó mis constantes vitales.

«Escuche, simplemente está pasando por el síndrome de abstinencia. Se recuperará.»

Me puso un parche de Clonidina en el hombro y me sentí mejor inmediatamente.

«Solo tendrá que llevar esto puesto durante los siguientes dos días y beber mucho líquido. Lo superará. Se recuperará.»

Me pidió que volviera la semana siguiente para hacerme una revisión completa. Incluso me invitó a asistir a las reuniones semanales que mantenían allí para las personas que habían estado bajo tratamiento y las que permanecían en estado sobrio. Jamás aproveché su oferta. Yo, como les gusta decir a los drogadictos cuando se encuentran en plena crisis, estaba perfectamente.

Y lo estuve.

Durante aproximadamente un mes.

La fase más dura del síndrome de abstinencia de la heroína dura unos cinco días. Cuando conseguí superarla finalmente, me dije: «¡A tomar por culo! Nunca más». Lo repetía una y otra vez en mi cabeza como un mantra.

Jennifer y yo abandonamos nuestra casa de Decker Canyon. Dejamos allí los muebles y el resto de nuestras cosas. Nos trasladamos a vivir con David, un amigo que vivía en otro de los cañones de Malibú.

«Puedes quedarte aquí, pero solo si no te metes nada», me advirtió David.

Lo mismo me dijo Jennifer:

«No puedes meterte nada, Khalil. Por favor, no vuelvas a meterte nada».

«No lo haré. Te lo prometo.»

Incluso yo me lo creía. Había dicho adiós a las drogas y adiós al síndrome, adiós a todo lo que tuviera que ver con eso. Estábamos en el año 2000, un nuevo milenio, un nuevo comienzo.

Hasta que un día sonó mi teléfono. Se trataba de un director de cine para quien había comprado heroína un par de veces que había acabado cayéndome muy bien.

«Eh, colega, ¿podrías conseguirme más de aquello?», me preguntó.

«Sí, claro.»

Ni siquiera caí en la cuenta. Yo, por supuesto, no pensaba meterme nada. Lo había jurado cien veces ese mismo día. Conduje hasta Santa Mónica, compré un gramo y medio y se lo llevé a su casa. Tenía una mansión enorme a pie de playa, pero yo nunca había visto el interior, porque siempre habíamos cerrado el trato en la entrada. Esta vez fue diferente. Parecía alegrarse mucho de verme. Me invitó a pasar y le entregué el gramo. Me quedé con el otro medio en el bolsillo sin pensarlo siquiera.

«¿Quieres un poco?», me preguntó.

«No, no, yo ya no me meto.»

«¿Estás seguro?»

Al final de nuestra conversación me lo había ofrecido cinco veces. Yo había declinado su oferta cada una de ellas:

«Sí, está bien así. Ya no me meto».

«De acuerdo. Bueno, ahora me están dando un masaje, pero ¿qué te parece si te quedas por aquí? Después, podríamos hablar sobre tu música.»

«Sí, claro», respondí.

Estoy prácticamente seguro de que por «masaje» se refería a una chica de alterne, pero ¿quién era yo para juzgarle? Me dijo que me sintiera en casa, así que me di un paseo por su enorme mansión, fascinado con el hecho de que tuviera esa hermosa piscina gigantesca y justo detrás de ella se viera el mar, como si no hubiera separación entre ambos. Me senté en un enorme sillón afelpado y escuché el rumor del oleaje, pero este se vio superado rápidamente por otra cosa. La heroína comenzaba a llamarme, a invocar a mi alma. Y siguió emitiendo su llamada, como el canto de las sirenas a los marinos. Se trataba de una guerra espiritual.

Y ganó la heroína.

Pensé:

«Bueno, puedo meterme solo un poco para que nos entendamos mejor. Así no se sentirá incómodo por colocarse ante mí».

La cociné, me metí un tiro e inmediatamente después vomité en la pila de la cocina.

«¡Ah, joder!»

Empezó a entrarme el pánico. Le pegué otro tirito y volví a vomitar, esta vez con más fuerza incluso.

Oí la voz del director desde el otro lado de la casa:

«¡Eh! ¿Estás bien?»

«Sí, sí, solo me ha entrado un poco de tos. Estoy bien. *Cof, cof.*» Pensé que si fumaba más alquitrán, me calmaría y podría relajarme. Así que fumé más y más. Para cuando regresó estaba colocado hasta arriba. Salí de allí tan rápido como pude con lo que me sobraba del medio gramo y fui directamente a casa de David. Jennifer y yo estuvimos hablando con él durante lo que me pareció toda una eternidad y no podía parar de pensar en lo que llevaba en el bolsillo.

Al final, Jennifer fue a acostarse y después David. Me encerré en el baño del piso de arriba con un poco de papel de aluminio, un encendedor y una pajita. Permanecí despierto toda la noche fumando hasta la última gota de ese alquitrán, deteniéndome solo para vomitar en el lavabo. Y ya está. En cuestión de horas, no solo había vuelto a donde lo había dejado, sino que me encontraba en una situación peor. Ahora estaba mintiéndoles a las personas que quería. Empecé a levantarme al amanecer mientras todos los demás permanecían dormidos para conducir hasta Santa Mónica. Conseguía mi dosis, después volvía a conducir hasta casa de David para despertarlos a todos y hacerles el desayuno.

Lo oculté bien, incluso cuando mi consumo de heroína aumentó de los diez dólares a los trescientos diarios. El director me daba mil dólares para que le comprara un gramo, a pesar de que solo costaba unos cien, y me gastaba el resto en mí mismo. El juego comenzaba de nuevo. Empecé a conducir hasta el centro de Los Ángeles para comprar gramos a treinta y revenderlos después.

Mientras que en los inicios de mi relación con la heroína hubo un breve período de luna de miel antes de ir cuesta abajo, esta vez fue como caer por un desfiladero hacia la oscuridad más absoluta. Pronto empezó a importarme poco que cualquiera se enterase de que había vuelto a consumir. Jennifer obviamente estaba frustrada y furiosa, pero ni siquiera ella tenía idea de lo mal que estaba. Creía que lo usaba de manera recreativa y que podría dejarlo en cualquier momento. Pero ya era demasiado tarde. Parecía que la droga supiera que estaba enganchada a ella de por vida y me mostrara su verdadero poder destructivo.

Como dije antes, se trataba de una guerra espiritual. Y esa oscuridad estaba interesada en una sola cosa: apoderarse de mi alma sin mi consentimiento y destruir mi vida.

Era simplemente cuestión de tiempo que Jennifer empezara a consumir conmigo. Era toxicómana ya a una edad muy temprana. Se había iniciado en las drogas blandas a los doce años y fumaba metanfetamina desde los catorce. Su predisposición genética hacia la drogadicción y mi búsqueda incansable de la inconsciencia parecían ir de la mano.

Un día conocí en el Coffee Bean de Malibú a Manny, un tipo mucho mayor que yo. Tendría unos cincuenta años, pero parecía rondar los setenta. Nos hicimos muy amigos y me contaba historias de sus días de yonqui en Nueva York cuando era más joven. Y hay cierta diferencia entre un adicto y un yonqui. Yo era adicto, al éxtasis, al GHB, a la Ketamina, a la heroína y al crack. Pero por más malo que fuera todo esto no llegaba a ser un yonqui. Los yonquis se inyectan en la vena. Yo únicamente le daba al alquitrán. Conseguí convencerme de que me quedaba una esquirla de alma indemne, ya que no había dado ese paso. Aquel tipo mayor sí, pero había conseguido desengancharse. A pesar de que seguía bebiendo y fumando marihuana, llevaba veintitrés años sin pincharse.

Cada vez que nos veíamos intentaba conseguir que fumara heroína conmigo. Él se reía y me decía: «No, así solo consigues desperdiciarla. Estás haciéndolo mal». Yo pasaba de él, porque decir eso me parecía arrogante y estúpido.

Aunque no fumaba conmigo, a Manny le gustaba estar de fiesta y socializar. Tenía un estudio de grabación en su casa al que solíamos ir a tocar. Así que mi nueva rutina consistía en fumar un montón de heroína y crack en casa de Manny, crear música y después pactar con Jennifer que nos desengancharíamos de las drogas para siempre.

Nos las arreglamos para conseguir buprenorfina, un fármaco usado para el tratamiento y la desintoxicación de los opiáceos envasado en ampollas, y jeringuillas para inyecciones intramusculares. Nos inyectábamos mutuamente en el tríceps, lo cual dolía horriblemente, pero eliminaba los efectos del síndrome de abstinencia. No obstante, también eliminaba el miedo a volver a la heroína siempre que te apeteciera. Si no teníamos que preocuparnos por el mono, ¿por qué no?

Una noche estaba sufriendo unos síntomas de abstinencia especialmente terribles, incluso con la buprenorfina. Jennifer y yo empezamos a discutir porque ella quería ir a una fiesta a casa de su hermana y yo quería que se quedara conmigo.

«¡Si te vas, me inyectaré heroína!», le grité.

«¡Pues hazlo!», dijo ella antes de marcharse.

Era como si volviera a estar oyendo a mi padre decir: «Buena suerte» de nuevo. Conduje hasta la casa de Manny, aquel viejo exyonqui, y le espeté:

«Siempre dices que estoy desperdiciando la heroína por consumirla así. Quiero hacerlo de la manera apropiada. Como hay que hacerlo. Si no me enseñas, lo haré yo mismo y probablemente acabe matándome».

«Chico, cálmate —dijo—. Ni siquiera tienes jeringuillas.»

«Ah, sí que las tengo.»

Le mostré las agujas intramusculares de la buprenorfina.

Se quedó dubitativo.

«Está bien, solo quiero que sepas una cosa.»

«Sí, ¿qué?»

Me miró directamente a los ojos y me dijo:

«Para los yonquis no existe la Navidad».

«¿Qué coño significa eso? ¿Se supone que tendría que asustarme?»

«Tú solo recuerda lo que te digo. Para los yonquis no existe la Navidad.»

«Me importa una puta mierda la Navidad. ¿Podemos ponernos ya?»

Saqué una de mis agujas.

Manny negó con la cabeza y me apartó la mano.

«Ven conmigo.»

Lo seguí hasta la planta baja y sacó una caja de herramientas con un candado que siempre permanecía cerrada. A mí eso me parecía muy raro, porque, aunque dejaba su cartera y el dinero a la vista con un montón de drogadictos rondando por la casa, tenía cerrada con candado esa vieja caja de herramientas. Encontró la llave en su llavero y abrió la caja. El interior estaba repleto de jeringuillas selladas herméticamente, torniquetes de goma e hisopos de algodón.

«¿Por qué guardas toda esta mierda?», le pregunté.

«Simplemente, por si acaso.»

«Por si acaso ¿qué?»

«Por si se acaba el mundo», respondió.

Quitó el envoltorio a una jeringuilla y me hizo un torniquete en el brazo por encima del codo. Después puso un poco de mi alquitrán sobre una cuchara doblada y la calentó con un mechero hasta que la sustancia se hizo líquida. Hizo una bola de algodón con los dedos y la sumergió en el líquido, y el algodón absorbió la heroína como si fuera una esponja.

Introdujo la aguja en el algodón y tiró del émbolo. Observé atentamente cómo la heroína salía de la bola de algodón e iba llenando el tubo de la hipodérmica. Soltó la cuchara y se volvió hacia mí. Pensé que iba a preguntarme si estaba preparado, si quería hacerlo de verdad, pero él simplemente me inyectó en la vena a la altura del codo. Le dio un golpecito al tubo y tiró del émbolo más aún, haciendo que una hermosa nebulosa de sangre de un color rojo intenso, mi propia sangre, se mezclara con el sucio líquido marrón del tubo de la jeringa. Yo estaba fascinado.

«¿Qué estás haciendo?»

«Asegurarme de que he cogido bien la vena.»

«Ah.»

Antes de que terminara de decir ese monosílabo, volvió a empujar el émbolo. El calor se extendió a lo largo de mi brazo y tuve la sensación repentina de que alguien vertía leche caliente por mi cuello y que esta me recorría todo el cuerpo. Ninguna de las drogas que había probado hasta ese momento podía compararse con esa sensación.

No podía hablar.

No podía moverme.

No sentía nada. El dolor había desaparecido. La tristeza había desaparecido. La ansiedad había desaparecido. Nunca había sentido realmente cómo mi madre me abrazaba con sus amorosos brazos, pero imagino que sería una sensación parecida a esa. Sentía como si el mismo Dios me abrazara y que todo saldría bien.

Todo estaba bien.

Habría tenido que fumar heroína por valor de doscientos dólares para obtener una décima parte de esa sensación. Esto era un chute diminuto por valor de unos diez dólares y su efecto duraba horas. El viejo tenía toda la razón, había estado malgastándola desde el principio.

Le sonreí desde mi estado de euforia. No me molestó en absoluto que se diera la vuelta, cocinara un poco más de mi heroína y se metiera otro pico.

Me quedé allí con aquel viejo yonqui durante dos semanas, chutándome cada dos o tres horas. El tipo poseía un montón de dinero que había heredado procedente de la era anterior a que existieran los coches y no tenía ningún sitio al que ir, ni nada que hacer. Jennifer acabó encontrándome. Como ella también era toxicómana no se fijó en los hematomas y las marcas de los pinchazos y costras que me recorrían los brazos. Solo advirtió lo bien que me sentía.

«Yo también quiero probarlo», dijo.

«Ni de broma —respondí yo—. Jamás en la vida.»

Estuvimos discutiendo acerca de ello durante semanas. Sabía que eso sería letal para ella, pero Jennifer pensaba que lo quería todo para mí. Al final, acabó convenciéndome. En menos de un mes estábamos mezclando cocaína con heroína para hacer *speedballs*. Finalmente, habíamos alcanzado la cúspide de la inconsciencia. No había nada más intenso que el *speedball*, era como estar bajando por una montaña rusa y tener un orgasmo al mismo tiempo. Me provocaba la misma sensación que la primera vez que tomé éxtasis, pero multiplicada por mil. Cada vez que me chutaba pensaba: «Quiero sentirme así durante el resto de mi vida».

Y no me importaba cuánto me quedara de vida, siempre que pudiera pasar el resto del tiempo colocado de *speedballs*. Ya nada me importaba en absoluto. Mezclar heroína con cocaína es una de las cosas más peligrosas en cuestión de drogas, porque estás acelerando y ralentizando tu corazón al mismo tiempo. Muchos toxicómanos mueren la primera vez que consumen *speedball*. Yo lo sabía, pero solo servía para añadir más emoción al asunto.

Permanecía varios días sin dormir, chutándome cada veinte o treinta minutos. Empecé a conducir hasta el centro de Los Ángeles para comprar heroína y crack en grandes cantidades. Allí había hoteles, como el Cecil y el Rosslyn, que eran básicamente picaderos y fumaderos de crack. Reservaba una habitación y permanecía en ella varios días, semanas incluso. Al principio utilizaba agujas esterilizadas recién sacadas de su envoltorio y las desechaba después de cada uso, pero en breve empecé a reutilizarlas una y otra vez. Estaban dobladas, o rotas, obstruidas con sangre seca, pero no me importaba. Tenía que meterme esa mierda en las venas lo antes posible y nada me detendría.

El objetivo del *speedball* es colocarte a más no poder. El juego consiste en llamar a las puertas de la muerte y comprobar si te contesta alguien. La pureza y la potencia de la heroína y la cocaína variaban, a veces a diario, así que era muy difícil acertar con la cantidad, por lo que se producían muchas sobredosis. Estuve hospitalizado siete veces en menos de un año. La higiene y la alimentación iban cayendo cada vez más bajo en mi lista de prioridades hasta que al final me acabaron pareciendo una auténtica pérdida de tiempo. En cuanto dejé de limpiarme las marcas de los pinchazos, estas empezaron a infectarse y a formar pústulas en mis brazos. Finalmente, se extendieron por todo mi cuerpo. A menudo no acertaba a pinchar en la vena y se me hacían quistes, que también se infectaban. La paranoia era constante y pronto se transformó en una psicosis provocada por la heroína. Empecé a sufrir violentos ataques de rabia y me peleaba con Jennifer todo el tiempo, a menudo con violencia física. Como vivíamos en hoteles, llevábamos navajas para defendernos y varias veces estuvimos a punto de apuñalarnos el uno al otro. Su familia estaba buscándola para trasladarla a una clínica de desintoxicación, así que siempre íbamos de un sitio a otro para que no pudieran encontrarnos. Y, de alguna forma, esto nos parecía lo más normal del mundo.

Su familia consiguió hacernos llegar un mensaje. La abuela de Jennifer había muerto y le dejaba en herencia un montón de dinero. Era escritora y a partir de ese momento sería ella quien recibiera todos los ingresos por derechos de autor. Sé que estaréis pensando en cuánto tiempo tardamos en cepillarnos todo el dinero en drogas, pero, en realidad, tuvimos un breve momento de lucidez y decidimos que ese era el momento adecuado para desengancharnos. Alquilamos un apartamento en la playa, porque yo estaba seguro de que si podía ver el océano, sentir el sol y bañarme en el mar cada día podría dejarlo. Ya no volvería a estar deprimido.

Compramos muebles nuevos, productos de mucha calidad que nos parecían demasiado caros para destruirlos. Ignoramos el hecho de que era la tercera vez que nos mudábamos a un sitio diferente con muebles nuevos en un intento de desengancharnos. Incluso hicimos el mismo pacto al que habíamos llegado en las dos ocasiones anteriores: «En este apartamento jamás consumiremos drogas».

Tardamos menos de cuarenta y ocho horas en chutarnos en nuestro precioso nuevo apartamento con sus muebles relucientes. Cerramos las persianas a nuestra espléndida vista del océano y nunca más volvimos a abrirlas.

No me percaté de la gravedad de mi situación hasta que Christian, un amigo, vino a visitarme desde Vancouver.

«Te daré quince mil dólares si dejas de chutarte y de fumar crack durante una semana.»

Estaba colocado, así que no creía haberlo oído bien.

«¿Quince de los grandes?»

«En efectivo.»

«Eso es una auténtica estupidez —dije—. ¿Estás de broma?»

«No, no estoy de broma.»

«Eso es la cosa más estúpida que… ¿De verdad crees que voy a perder esta apuesta?»

«No quiero que pierdas la apuesta. Quiero que la ganes», respondió.

Aquello carecía completamente de sentido para mí. ¿Por qué había decidido esa cantidad y qué le llevaba a proponérmelo? En cualquier caso, estaba eufórico por ganarme esos quince de los grandes. Serían los quince mil dólares más fáciles que hubiera ganado en la vida.

«Acepto la apuesta», dije.

Nos dimos un apretón de manos y empecé a pensar en lo que haría con todo ese dinero. Aguanté hasta esa misma noche. Empezaba a oscurecer y sabía que los camellos de Santa Mónica estaban a punto de marcharse. Me sentía humillado. Ni siquiera pude mirarle a la cara cuando le dije:

«¿Podemos empezar mañana?»

Vi en sus ojos lo decepcionado que estaba conmigo. No obstante, me respondió:

«Sí, claro que podemos empezar mañana».

Ese mañana nunca llegó. No podía pasar más de unas horas sin chutarme o fumar crack.

A partir de aquí las cosas fueron de mal en peor. Jennifer y yo entrábamos y salíamos intermitentemente de The Telesis Foundation, un centro de desintoxicación para pacientes externos dirigido por otro viejo loco llamado Jerry. Si íbamos a las reuniones del tratamiento nos daba medicación para soportar el síndrome de abstinencia: Valium, Xanax, Vicodin, Soma. Pagamos algo más para que nos dieran brupenorfina, porque los resultados estaban garantizados. Además, nos encantaba usarla cuando nos chutábamos coca, porque suavizaba los efectos.

Otra cosa genial de Telesis era que conocías a las personas más enrolladas. No cabe duda de que en el sector del entretenimiento no falta gente que abuse de las drogas. Allí fue donde aprendí a no decir nunca: «Joder, colega, eres clavado a fulanito», porque siempre se trataba realmente de esa persona en cuestión y acababa haciendo el ridículo.

Me hice amigo de uno de ellos, al que llamaremos Steve para mantener su anonimato. Steve era mejor en persona incluso que cuando lo veías en la pantalla, lo cual parecía imposible. Siempre tenía historias extraordinarias que contar sobre toda la gente del sector y conseguía la mejor cocaína que pudiera encontrarse en Hollywood. Por aquel entonces yo ya compraba heroína de calidad suprema a precio de mayorista. Todo parecía demasiado bueno para ser verdad.

Le presenté a Jennifer y al resto de la pandilla en casa de Manny y todos quedaron prendados de él al momento. Empezamos a salir de fiesta juntos durante varios días seguidos. Una noche, cuando se acercaba el final de la juerga, acabamos en casa de Manny otra vez. Me encontraba en un estado acusado de paranoia debido a los varios días que había pasado chutándome coca y sin dormir. Mientras deambulaba por la fiesta vi que Jennifer y Steve estaban inmersos en una conversación intensa.

No le di ninguna importancia. Steve y yo habíamos comprado grandes cantidades de cocaína y heroína, y esta última estaba en mi poder. Había puesto toda mi atención en subir al piso de arriba para chutarme. Cuando volví a bajar vi que estaban sentados uno junto a otro, cuchicheando y riendo.

No podía creerlo. ¿Cómo podía haber dejado pasar algo tan obvio? Ya tenía celos del éxito que cosechaba Steve, ¿y encima ahora intentaba robarme la novia? La forma en que Jennifer le miraba me hizo perder los nervios.

Me acerqué a ellos.

«Dadme un poco de coca.»

«No nos queda —dijo Steve—. Pásanos la heroína.»

«Que os den —respondí—. Dadme coca.»

«En serio, se ha acabado.»

No los creía. No querían dármela y la estaban guardando toda para metérsela a escondidas. Me largué de allí con rabia e hice lo único lógico que me parecía posible hacer en ese momento, fumar crack. Por si no estaba lo suficiente paranoico, ahora me pondría con una psicosis del carajo. Me quedé observándolos atentamente. Me dirigieron una mirada, vieron que tenía los ojos clavados en ellos y empezaron a cuchichear de nuevo. Me acerqué hecho una furia y la descargué toda contra Jennifer.

«¿Por qué me mientes? ¡Sé que tenéis más coca! ¡Que os jodan! Me da igual. Idos a hacer lo que queráis. ¡Eres una imbécil de mierda!»

Por desgracia, este tipo de escenas entre ambos era bastante común. Me colocaba, empezaba a gritarle, la insultaba y la amenazaba con suicidarme si me abandonaba. Le imploraba que no me abandonara nunca, que no me dejara solo, y ella me decía que siempre estaríamos juntos. Sucedió cientos de veces.

Continué cargando contra ella sin parar, blasfemando, gritando e insultándola. Estaba seguro de que Steve haría algo para detener la escena que estaba montando, o peor incluso, que se interpondría para defenderla. Era bastante más grande que yo y un cabrón difícil de tumbar, según me habían contado. Pero yo estaba poseído. Y él lo sabía. Las drogas y la rabia hacían que se desprendiera esa máscara que solía llevar con la que complacía a todo el mundo, para mostrar mi oscuridad interior. Ninguno de los dos se atrevió a abrir la boca. Simplemente aguantaron mi ataque de odio visceral, insultos y amenazas. Subí enrabietado al piso de arriba como un niño petulante, y me encerré en el cuarto de baño para poder fumarme el resto del crack que me había guardado en el bolsillo. Más tarde, no recuerdo cuánto tiempo había pasado, deambulé por la fiesta en busca de alguno de ellos. Se habían marchado.

Pregunté a todo el mundo:

«¿Dónde están Jennifer y Steve?»

Nadie lo sabía.

«¡Imbéciles de mierda! ¿Dónde están?»

Era cerca de la una de la madrugada. La fiesta entraba en ese punto clave en el que todos estaban demasiado colocados, se habían acabado las drogas y los ánimos estaban caldeados. La gente empezó a marcharse poco a poco de casa de Manny. Yo también, convencido de que encontraría a Jennifer y Steve rondando fuera por alguna parte.

Y los encontré. Se iban, se marchaban juntos de la fiesta. Me abandonaban. Yo moría por dentro. Sabía lo que significaba eso. Irían a conseguir más drogas, se colocarían y se acostarían juntos. No podía soportarlo.

Bueno, que le den —pensé—. *Hasta aquí hemos llegado. Ahora sí que lo voy a hacer. Voy a matarme.*

Entré en la casa, subí al piso de arriba y me chuté un poco más de heroína. Cuando bajé vi que los últimos ya se marchaban de la fiesta y me pareció estupendo.

Que les den —pensé—. *No volveré a ver a esos putos imbéciles de todas formas.*

Al cabo de un rato el único que quedaba era Manny, completamente pasado y desfallecido sobre la cama. Volví a subir a la cocina y agarré una cuchara enorme y una jeringa intramuscular 27G. Después, puse toda la heroína que me quedaba, cerca de gramo y medio, y la cociné. Absorbí hasta la última gota con la jeringuilla y me la chuté toda triunfalmente en el brazo.

Sentí el calor instantáneamente.

Empecé a flotar.

No sabía dónde me encontraba. Hacía mucho frío y estaba oscuro, pero yo permanecía completamente despierto y consciente. No me sentía colocado en absoluto. Estaba lúcido e intentaba averiguar qué sucedía. Entonces, caí en la cuenta.

¡Dios santo! ¡Dios santo!

¡Joder, joder, joder, joder!

Lo conseguí.

Estoy muerto.

Dios mío. Mierda.

Mi visión empezó a nublarse en la fría oscuridad y luego cambió de plano. Me veía desde arriba a mí mismo tirado en el suelo de la cocina de Manny.

Dios mío. Estoy muerto.

La silueta de Manny pasó junto a mí a cámara lenta. Estaba hablando por teléfono. Corrió hasta el congelador, volvió y se arrodilló ante mí. Me hizo algo en el cuello y regresó al congelador a toda prisa. Este proceso se repitió varias veces y advertí que estaba envolviéndome el cuello con helado.

¿Qué coño hace? ¿Me pone helado?

Entonces me percaté de que intentaba que mi cerebro funcionara cuando despertara.

Buena suerte.

Joder, estoy muerto.

Estoy muerto de verdad.

Un grupo de desconocidos entró en la habitación. Apartaron a Manny y se colocaron a mi alrededor. Vi uniformes de sanitarios y equipos de bomberos. Rasgaron mi camisa y comprobaron mis constantes vitales. Un dolor terrible se expandió por mi pecho.

¡BAM!

¡Joder!

Ya está.

Ya casi ha acabado.

Adiós.

Los servicios de urgencias se ocupaban furiosamente de todo mi cuerpo. Volví a sentir ese dolor agudo.

¡BAM!

De repente, ya no veía mi cuerpo desde arriba. Estaba debajo de él, mirándolo a través de la tierra y del suelo. Mi pecho se estremeció con ese extraño e incontenible dolor por tercera vez.

¡BAM!

Oía voces.

«No, nada, nada. No reacciona.»

«Inténtalo de nuevo.»

«¡Apartaos!»

Se oyó un sonoro pitido y después: ¡BAM!

Mis ojos se abrieron de golpe.

«Espera, espera, espera. Lo hemos recuperado. Lo hemos recuperado.»

Un vívido crujido inundó mis oídos.

«Se nos muere. Se nos muere. Una vez más.»

¡BAM!

El dolor era atroz. Volví a abrir los ojos. Me habían puesto una mascarilla de oxígeno en la cara. Las personas que me rodeaban me auxiliaban frenéticamente. Me pusieron en una camilla y me llevaron a la ambulancia. Cuando iba camino de ella, nos cruzamos con uno de los chicos de la fiesta. Le aterrorizó lo que veía ante sus ojos.

Joder, acabo de morir.

Joder, estoy muerto.

Me metieron en la ambulancia y nos dirigimos al hospital a toda velocidad. Una sanitaria me cogió de la mano y la abofeteaba cuando volvía a desfallecer.

«Mantente despierto. Mantente despierto.»

La miré.

«Piensa en los buenos momentos. Piensa en los buenos momentos. Piensa en cosas buenas.»

Intenté hablar por entre la bruma y la máscara de oxígeno, pero solo conseguí emitir un débil quejido.

«No te entiendo», dijo.

Señalé la máscara de oxígeno.

Me la quitó mientras repetía:

«Piensa en cosas bonitas. Piensa en los buenos momentos».

«No hay», dije.

Se le saltaron las lágrimas. Yo estaba llorando. Negué con la cabeza.

«Lo siento, no hay. No tengo ninguno.»

Volvió a ponerme la máscara y me cogió de la mano. Me llevaron al St. John's Hospital de Santa Mónica, donde los médicos me hicieron un montón de preguntas.

«¿Qué te inyectaste?»

«Heroína.»

«¿Cuánto?»

«Mucho.»

«¿Ha sido intencionado? ¿Querías sufrir una sobredosis?»

Fui sincero.

«Sí, ha sido intencionado.»

Se veía que el personal no estaba contento de tenerme allí. Se dedicaban a hacer su faena y me ignoraban siempre que podían. Tenía una sed increíble y no paraba de pedirles agua, pero no me la traían. Al final, le dije a un enfermero:

«Eh, colega, no podríais animaros un poco?»

Respiró hondo, intentando controlar su rabia.

«Hay personas inocentes aquí que han tenido accidentes. Hay gente que lucha por su vida. Algunos de ellos no sobrevivirán. Y luego estás tú, simplemente tirando tu vida por la borda con las drogas.»

Su sinceridad me pilló desprevenido. No tenía excusa. Me habían inyectado Narcan, así que estaba completamente sobrio y sabía que tenía razón. Me entraron ganas de arrastrarme bajo la cama y esconderme. Quería salir de ese puto hospital. Y lo más patético de todo es que quería volver a colocarme. Empezaba a entrarme el mono. El médico me había administrado sedantes, pero no tendrían ningún efecto ante lo que estaba a punto de sucederme. Estaba casi a punto de arrancarme las vías intravenosas cuando volvió el médico.

«Voy a decirte lo que va a pasar —dijo—. Haremos el cambio de turno dentro de unos cuarenta y cinco minutos. Cuando se haga efectivo, el hospital está legalmente obligado a informar de que ha habido un intento de suicidio. Te declararán 5150 e ingresarás en prisión.»

El 5150 significaba que podía ser confinado en contra de mi voluntad al ser considerado un peligro para mí o para los demás. Ya me habían detenido y había pasado la noche a la sombra otras veces, y solo de pensar en sufrir el mono en una fría celda me puse a llorar inmediatamente.

«¡No quiero que me metan en una puta celda! ¡No quiero ir a la cárcel!»

El médico dijo:

«Puedes recibir el alta ahora, o esperar al cambio de turno. Tú decides».

«Me iré ahora.»

Creo que solo querían librarse de mí, lo cual es absolutamente comprensible. Empezaron a desconectar las vías intravenosas y el sistema de monitorización. Todo cuanto tenía conmigo eran mis tejanos y un fajo de billetes. No llevaba calcetines, zapatos ni camisa, ya que los sanitarios me la habían desgarrado para utilizar el desfibrilador. Tal vez Jennifer hubiera pensado en traerme algo de ropa para ponerme que no fuera la bata del hospital.

«¿Dónde están todos?», pregunté al médico.

«¿De qué estás hablando?»

«Mis amigos. ¿Pueden entrar ya?»

«¿Qué amigos?»

Estaba confundido. Obviamente, Manny habría llamado a Jennifer, Steve y a todos los demás para que supieran lo que había sucedido. Estarían todos preocupadísimos por mí, ansiosos por entrar y asegurarse de que me encontraba bien.

«Mis amigos —dije—. ¿Quién ha venido a verme?»

«No ha venido a verte nadie», respondió el médico.

No le di importancia. Conociéndolos, estarían todos colocados y tendrían miedo de entrar y que los detuvieran, así que seguramente estaban esperando en el aparcamiento. Salí del hospital con los calambres y sudores típicos del mono. Estuve buscando durante cinco minutos hasta que me percaté de que no había nadie esperándome.

Ni amigos ni Jennifer ni nadie. A nadie le preocupaba. No importaba si vivía o moría. Así que tomé un taxi hasta Santa Mónica y me armé de droga hasta los dientes y después reservé una habitación de hotel. Quería acabar lo que había empezado.

Pero primero los llamé a todos y les dejé mensajes envenenados. A Jennifer, a Steve, a todos.

«¡Cómo os atrevéis! ¡Que os den! ¡Os odio!»

Jennifer y su hermana consiguieron la dirección del hotel mediante el identificador de llamadas. Jennifer intentó hablar conmigo, pero la eché de la habitación. Me había engañado con Steve y no quería verla. Ahora, obviamente, veo la hipocresía ridícula que había en todo aquello, pero entonces solo sentía que me había roto el corazón. Después aparecieron Manny y Steve.

Le grité:

«¿Cómo has podido hacerme esto?»

Se quedó perplejo.

«¿Hacerte qué? ¿De qué estás hablando?»

«Te fuiste con mi novia, colega. Me… »

«Tío, desapareciste en la planta superior y te encerraste en el baño, así que la llevé a casa. Eso es todo. No sucedió nada.»

No paraban de hablar de que había tocado fondo y del programa de los doce pasos. Sin duda, había tocado fondo. Pero, siempre fiel a mí mismo y con el extremismo como único recurso, cuando toqué fondo me hice con una pala y me dispuse a cavar. Y continué cavando durante los cuatro años siguientes.

No sé si sería porque había estado a punto de conseguir suicidarme o por el hecho de que malgastáramos el dinero de la difunta abuela de Jennifer en colocarnos, pero el caso es que su actitud cambió. Hablaba todo el tiempo de desintoxicarse, y en un extraño momento de sobriedad decidió que se marchaba a Europa. Me suplicó que fuera con ella. Le recité una sarta de razones estúpidas para no hacerlo: mi música, mis amigos, lo que fuera, pero podría haber ido. Debería haberlo hecho.

Cuando se marchó había 37.000 dólares en la cuenta. A su vuelta, tres semanas después, solo quedaban 11.000. Me las había ingeniado para chutarme 20.000 dólares en la vena mientras ella estaba fuera. Pesaba 49 kilos. Tenía estafilococos, tiña y sarna, que había contraído mientras compraba drogas en Skid Row.

Jennifer entró, echó un vistazo a su alrededor y preguntó:

«¿Dónde está lo mío?»

Le preparé un *speedball* y volvimos a entrar en barrena juntos. Cuando nos quedamos sin dinero, empeñamos las joyas que había heredado de su abuela. Lo último que vendimos era un precioso collar de diamantes de seis kilates. Nos dieron siete mil dólares por él y nos fuimos con el dinero directamente al centro de Los Ángeles. Ni siquiera llegamos a volver a casa con la droga. Aparcamos junto a la carretera y nos picamos en la vena una y otra vez.

Me desgarré la cara frente al retrovisor intentando coger los bichos que creía que recorrían mi cuerpo.

Cuando volvíamos a casa discutimos con rabia. Yo no paraba de gritarle que intercambiáramos nuestros sitios y condujera ella. Estaba psicótico, hablaba solo y veía cosas, pero en un breve momento de lucidez me percaté de que era mejor que no condujera. Al contrario que yo, que enloquecía y me animaba cuando me colocaba, Jennifer se encerraba en sí misma y se mostraba aletargada y abatida. Conduje más rápido, intentando demostrarle algo, intentando asustarla. Iba a 120 kilómetros por hora cuando decidí chutarme más coca para mantenerme despierto. Esto no era nada inusual. Ya llevaba un tiempo chutándome mientras conducía. Me había convertido en todo un experto en conducir con las rodillas mientras manipulaba una pipa de crack o una jeringuilla. Me lo metí y enseguida me di cuenta de que había puesto demasiado. Mi visión empezó a ir de un lado para otro, lo cual nunca es buena señal cuando te has chutado cocaína.

El impacto fue rápido. Muchas veces, cuando tienes un accidente, todo se mueve a cámara lenta, pero esto sucedió de manera repentina, breve y violenta. Me llevé por delante cinco buzones antes de estrellarme contra un coche aparcado, atravesar una valla y dar varias vueltas de campana con el vehículo hasta caer en el jardín que había a la puerta de una casa. Un extraño giro del destino quiso que la vivienda perteneciera al secretario del grupo de Narcóticos Anónimos de los martes de Malibú.

El coche aterrizó sobre las ruedas, el capó se abrió y el motor se incendió. El hombre corrió hasta su casa, cogió un extintor y sofocó las llamas rápidamente. Después se acercó a la puerta del conductor para ver si me encontraba bien y ayudarme a salir del coche. Pero yo no quería salir y le grité que me dejara en paz.

«¿Qué estás haciendo?», me preguntó.

«Tengo que recoger las papelas. Las he tirado por todas partes. Debía de estar colocado hasta las cejas para decirle eso. O estaba colocado o era un imbécil, supongo que ambas cosas. Se trataba del secretario de las reuniones de Narcóticos Anónimos y sabía perfectamente que cuando hablaba de papelas me refería a «bolsas de heroína y cocaína».

Todo el vecindario estaba en la calle en cuestión de minutos. Eran las cinco menos veinte de la mañana y oí el sonido de las sirenas que se aproximaban. ¿Cómo recuerdo exactamente que eran las cinco menos veinte de la mañana? Porque el hombre había regresado al interior de la casa para sacar un bate de béisbol y estaba gritándome: «¡Eres un pedazo de mierda! ¡Si llegas a estrellarte dentro de veinte minutos mi mujer estaría saliendo para ir a trabajar y la habrías matado!»

Jennifer y yo salimos del coche y fuimos a sentarnos en la acera al tiempo que llegaban los sanitarios y la policía. El hombre empezó a gritarle inmediatamente a un policía: «¡Ese pedazo de mierda es un heroinómano y está bajo los efectos de las drogas! ¡Tienen que arrestarlo!»

Siguió repitiéndolo mientras se abalanzaba sobre mí. Uno de los policías lo agarró, y, cuando desistió en su intento de pegarme, el policía le preguntó:

«¿Cómo sabe usted que es heroinómano?»

Y el hombre contestó:

«Porque soy el secretario de la reunión de Narcóticos Anónimos de los martes, joder, y conozco perfectamente a este pedazo de mierda. Es un yonqui».

A lo cual el policía respondió algo que todavía hoy me parece increíble:

«Creía que era un programa que respetaba el derecho al anonimato».

Yo me quedé de piedra. Jennifer se quedó de piedra. El hombre, sin duda, también se quedó de piedra. Ese mismo policía se acercó a mí y me preguntó a bocajarro:

«¿Está usted bajo los efectos de algún narcótico?»

«Sí, agente», contesté sin vacilar.

«¿Cuál?», preguntó.

«Drogas. Heroína, cocaína... No recuerdo qué más, puede que alguna pastilla.»

El policía pareció quedarse un tanto perplejo por mi transparencia. «¿Está usted en posesión de drogas en este momento?»

Y de nuevo contesté sin dudarlo:

«Sí. Llevo heroína, cocaína y jeringas».

Ya no estaba simplemente perplejo, se había quedado anonadado de que le ofreciera esa información voluntariamente.

«Espere aquí un momento», dijo.

Volvió a donde estaba el otro hombre y le preguntó si alguien más había sido herido en el accidente. El hombre volvió a señalarnos y dijo:

«No, solo ellos».

Tras esto, el policía se acercó a hablar con otros agentes. Estaban cuchicheando. Al cabo de unos minutos, el mismo policía volvió y habló conmigo.

«¿Alguno de ustedes está herido de gravedad?»

«No, solo tengo un par de rasguños», mentí.

«De acuerdo —dijo él—. Cuando venga la ambulancia pueden negarse a recibir atención médica y les pediré un taxi.»

Por un segundo pensé que estaba soñando. No era posible que ese tipo nos dejara marchar, ¿no?

«Un momento. ¿Puedo marcharme?»

«Sí —respondió—. Pueden negarse a recibir atención médica y al cabo de poco tendrían aquí un taxi. Le recomendaría que lo tomaran y salieran de aquí lo más rápido que puedan.»

Entonces me puso una mano en el hombro, me miró directamente a los ojos y dijo:

«Hasta aquí ha llegado. Este es su momento de clarividencia. Busque mañana ayuda de una puta vez. Si les dejo marchar es por varias razones que no se merecen, pero aprovechen esta oportunidad para salir del pozo».

Llegamos a casa y nos recluimos en el apartamento. Nos habían cortado el agua y creíamos que alguien venía a por nosotros. Lo cual resultó cierto. Al cabo de unos días me desperté con el padre de Jennifer encima, diciéndome: «Si no consigues ayuda morirás».

Nos sacó a rastras por la puerta que él mismo había derribado y nos llevó a un centro de desintoxicación que había en Orange County llamado Spencer Recovery Center. Lo último que vi en aquel apartamento fue mi propia sangre que manchaba la pared del baño:

QUE DIOS ME AYUDE

5

Al fin estaba ingresado en una clínica de desintoxicación. Y no me había colado, como la última vez, para conseguir medicamentos. Estaba inscrito, con mi pulsera, mi habitación y todo el lote. Cuando les conté a los médicos cuánto me estaba chutando parecieron preocuparse muy en serio. Lo habitual era que me metiera cinco gramos de heroína y entre cinco y siete gramos de cocaína diarios. Me administraron grandes dosis de distintos narcóticos para combatir los síntomas del síndrome de abstinencia. De hecho, al principio me mostraba optimista respecto a todo. Sabía que esta era la mejor oportunidad —y probablemente la única— de que Jennifer y yo pudiéramos desengancharnos por fin.

Nos quitaron los teléfonos móviles y nos soltaron para que conociéramos al resto de los pacientes que estaban fuera fumando. Los heroinómanos tienen un imán por el que se atraen entre ellos. Aunque estés en una sala en la que haya un millar de personas y un solo yonqui entre ellos, al cabo de pocos minutos de llegar vuestras miradas ya se habrán cruzado, y os habréis reconocido de inmediato como los vampiros, sin mediar palabra. Para llegar a las profundidades de la madriguera se precisa un tipo de personalidad determinada. Es necesario poseer una inmensa cantidad de dolor, inteligencia, valentía, estupidez y arrogancia.

Así que no es de sorprender que encontráramos enseguida a los otros heroinómanos y estrecháramos lazos a base de compartir nuestras experiencias de drogadicción. Fumábamos sin parar, encendíamos el cigarro con la colilla del anterior, con el pulso acelerado por la adrenalina y excitación que nos provocaba ese extraño proceso de exhibicionismo. Comparábamos las marcas de los chutes, las pústulas, las cicatrices, los hematomas. No tardé en averiguar que muchos pacientes habían salido para colocarse y les habían permitido regresar.

A tomar por culo —pensé—. *Si a otros se lo han permitido, yo también lo conseguiré.*

Uno de los yonquis era un tipo grimoso extremadamente delgado que no paraba de fumar y de quejarse por todo. Parecía sentirse igual que yo y me imaginé que también tendría ganas de hacer lo mismo. Conseguí hablar con él a solas y le dije: «Quiero colocarme de una puta vez, colega. Quiero meterme algo».

No lo dudó:

«Vámonos. Vamos esta misma noche».

No estaba preparado para su respuesta:

«Esta noche. ¿Cómo?»

«Tengo el coche aquí.»

«¿Tienes tu coche en la clínica de desintoxicación?»

«Sí, estoy ahí enfrente, en el Bellagio.»

El Bellagio era lo que llamábamos la zona bien del Spencer Recovery Center, porque estaba en la playa y las habitaciones eran mucho más bonitas; también costaba el doble. Yo estaba en la zona conocida como la Perrera, porque tenía un callejón largo y estrecho al que todo el mundo salía a fumar que denominábamos el Canódromo.

«Yo puedo salir cuando quiera —dijo—. Vamos a colocarnos y después volvemos. Ningún problema.»

Aquello no me parecía propio de un centro de desintoxicación.

«¿Estás seguro?»

«Tú espérame esta noche en la entrada.»

Para él era fácil decirlo. Residía en el Bellagio y podía entrar y salir a su antojo. Yo estaba en la segunda planta del edificio principal, que permanecía cerrado por la noche. Cuando apagaban las luces todo el mundo tenía que marcharse a su habitación. Me aseguré de que no hubiera nadie en el pasillo y conseguí abrir mi ventana sin que nadie me viera. El edificio de enfrente tenía un tejado inclinado que quedaba casi a la misma altura que mi ventana y por el que se podía descender otro piso. Yo tenía debajo el Canódromo, de modo que para llegar hasta ese tejado tendría que saltar la distancia que me separaba de él. En la oscuridad no se veía muy bien la separación que había entre uno y otro. Obviamente, se trataba de un plan estúpido y peligroso, pero había heroína al otro lado. Así que salté.

No lo conseguí. Apenas llegué a poder agarrarme de la cornisa. Sabía que si caía me rompería una pierna, un brazo o tal vez el cuello. La adrenalina me impulsó y conseguí auparme para ponerme a salvo. Rodé por la pendiente del tejado y caí a unos dos metros y medio de altura. Mientras corría hacia el coche que me esperaba no sentí dolor alguno, solo la excitación del momento. Estaba entusiasmado. Me sentía como si acabara de escapar de la cárcel y sabía que en breve estaría colocado hasta las cejas.

Condujimos durante hora y media hasta North Hollywood, porque Peter tenía una fábrica allí en la que hacían bisutería.

Por el camino debí de preguntarle unas veinte veces: «Tienes chutas nuevas, ¿verdad?»

«Sí, claro que sí.»

«¿Y picos limpios?»

Quería asegurarme completamente de que tenía jeringas y agujas nuevas.

«Sí», respondió.

De camino llamó a su camello y le dijo que nos veríamos en la fábrica. Llegamos allí alrededor de la una de la madrugada y compramos heroína y cocaína por valor de mil doscientos dólares. Casi no me dio tiempo ni de llegar al retrete. Se produce un fenómeno extraño en tu cuerpo en cuanto sabes que vas a chutarte: tus intestinos quieren evacuar de inmediato. Si eres toxicómano, ya sabes de lo que hablo. También tenía arcadas, otra extraña reacción que sufría cuando había drogas y estaba a punto de chutármelas en el brazo. Salí del baño con un hambre y un ansia de mil demonios.

«¿Dónde están las agujas?», gruñí a Peter.

Me señaló un escritorio. Me acerqué a él rápidamente y empecé a abrir los cajones. Casi todos estaban llenos hasta arriba de agujas, todas ellas dobladas, sanguinolentas y oxidadas, con las jeringas taponadas.

«¿Estás quedándote conmigo, cabrón? ¡Te he preguntado diez veces si tenías jeringas nuevas!»

Estaba demasiado ocupado preparándose un *speedball* como para responder.

Tomé las jeringuillas que estaban menos dañadas y me puse a lavarlas con agua caliente. Pasamos el resto de la noche chutándonos hasta la última mota de lo que habíamos pillado. Oía voces y veía figuras en las sombras mientras me sentaba en un charco de mi propia sangre. Peter no dejaba de pasarme jeringas sanguinolentas con las que acababa de chutarse. Al cabo de un rato ni siquiera me molestaba en enjuagarlas. ¿Qué más daba? En cierto momento le pregunté:

«¿Estás limpio? Es decir, ¿no tendrás nada, no?»

Me miró con una cara endiablada.

«¿Y tú?»

«No», dije, sin estar seguro realmente de si decía la verdad.

Estaba claro que no era la primera vez que compartía jeringuillas. Para cuando empezó a amanecer todo pensamiento racional había quedado remplazado completamente por la paranoia y la psicosis. Discutimos durante todo el viaje de vuelta acerca de quién era el culpable de que fueran a descubrirnos.

Me sentía completamente asqueroso y sucio. Mi boca sabía a metal y a pecado. Tenía una horrible infección en un diente y una pústula en la boca del tamaño de una uva. El sol me escocía en los ojos por el camino. Los cigarrillos parecían achicharrarme los pulmones. Tenía las uñas llenas de mugre, una combinación de sangre, suciedad y heroína. Llevaba los pantalones y la camisa manchados de sangre. No me atrevía a mirarme en el espejo.

En cuanto aparcamos en el Spencer Recovery Center, uno de los miembros del personal agarró a Peter y lo llevó directamente al Bellagio. A mí me condujeron hasta la oficina principal para darme un rapapolvo. Se turnaban haciendo de poli bueno y poli malo. Pero, al final, me permitieron quedarme.

Salí del despacho tambaleándome y llorando, jurando que nunca más volvería a colocarme. En el pasillo, la enfermera que nos daba la medicación me llevó aparte. Nos llevábamos muy bien y siempre intentaba hacerme la estancia más agradable.

«No te habrás pinchado con Peter, ¿verdad?», me preguntó.

La intensidad con la que lo preguntaba me dio qué pensar.

«¿Por qué?»

«¿Has compartido jeringuillas con él?»

Mentí.

«No, ¿por qué?»

«Porque tiene sida y hepatitis C.»

«¿Cómo carajo lo sabes?»

Me miró como si fuera idiota.

«Porque soy la enfermera, Khalil. Yo soy quien les da a todos su medicación.»

«Ah, vale.»

«Khalil, ¿has compartido la jeringuilla con él?»

«No», repetí con firmeza.

Intentaba convencerme a mí mismo, más que a ella. No quería creer que había compartido jeringuillas con una persona con sida en estado avanzado. Pero lo había hecho. No podía admitirlo. Me corroía por dentro y no conciliaba el sueño. Un par de días después, el médico me cortó la medicación por completo. Su política era administrar medicamentos durante los primeros nueve días de estancia y después dejarte tres semanas enteras sin ellos para que te recuperases totalmente del síndrome de abstinencia.

«Tengo el mono», dije.

«Tendrás que soportarlo.»

«¡Que te jodan!», grité antes de salir de su despacho y dejar la clínica de desintoxicación. No podía enfrentarme al mono y soportar además el estrés de haber compartido agujas con Peter. Encontré a Jennifer y le dije que me marchaba, pero que volvería a por ella. Estaríamos juntos para siempre y ambos lo sabíamos. Cuando salía del edificio me encontré con otro paciente, un dentista forrado de dinero de alguna parte de Washington que me dijo que él también quería marcharse, pero no estaba preparado todavía para dar ese paso.

Me dio las llaves de su coche, que estaba aparcado a dos calles, y me entregó su cartera. Todas sus tarjetas de crédito tenían el mismo número PIN, y también me lo confió. Estaba desesperado por conseguir algo de droga. Me dijo que sacara dinero, que comprara droga y que se la trajera. Quería colocarse una vez más antes de decidir si permanecía allí o se marchaba.

«¿Harás eso por mí? —preguntó—. ¿Me la traerás esta noche?»

«Sí, claro —dije—. Esta noche vuelvo. No tienes de qué preocuparte, colega. Iré a pillar un montón de mierda y te la traeré. Puedo trepar hasta el edificio de al lado y tirártela por la ventana. Nos vemos esta noche a la una.»

Estuve cuatro días desaparecido. Hice lo que habría hecho cualquier buen toxicómano. Alquilé una habitación de hotel, compré un montón de agujas y jeringuillas, crack, heroína, coca y me dispuse a embarcarme en un viaje interior. Llené la jeringuilla hasta arriba y desaparecí en la más dulce inconsciencia.

Al cuarto día tuve un momento de lucidez y me percaté de que el dentista probablemente seguía esperándome. Había estado llamando a mi teléfono móvil sin parar desde que salí de la clínica de desintoxicación. Tomé el teléfono y marqué el número del Spencer Recovery Center, pero no para preguntar por el dentista. Quería hacerle saber a Jennifer que seguía con vida. Cuando la recepcionista atendió a mi llamada le pregunté por ella.

«Ah, no está aquí.»

«¿Qué quieres decir? ¿Cómo que no está?»

«Se ha marchado.»

«Eso es imposible. No ha podido irse. Por favor, ve a buscarla.»

«No está», repitió.

«Mira —dije—, sé que te habrán dicho que digas eso si llamo yo, pero, por favor, búscala. Necesito hablar con ella, de verdad.»

«No, hombre, lo digo en serio. Espera.»

Mientras esperaba intentaba otorgarle un sentido a lo que me había dicho. Jennifer no podía haberse marchado. Jamás me abandonaría. Jamás.

Una paciente que nos conocía tanto a Jennifer como a mí se puso al teléfono.

«Eh, Khalil. Sí, Jennifer se ha marchado. Su madre apareció con unos tipos y se la llevaron.»

La familia de Jennifer había contratado a Warren Boyd, un especialista más conocido como «El desintoxicador». Su equipo y él la habían drogado, secuestrado y recluido en constante vigilancia para evitar que volviera a mí. Tiré el teléfono al otro lado de la habitación y me chuté más todavía. Empecé a sufrir ataques por toda la cocaína que me había metido. Cuando me recuperé me chuté con heroína y desfallecí. Estaba intentando matarme de nuevo, pero siempre volvía a despertar.

No sé a cuántas rondas de esto sobreviví. Solo detuve el proceso porque alguien empezó a aporrear la puerta. Se trataba de la directora del hotel.

«Lleva usted aquí tres días —gritó—. Tiene que marcharse. Necesitamos usar la habitación.»

Tenía el difuso recuerdo de que una de las camareras había entrado mientras yo estaba medio inconsciente. No necesitaban la habitación. Simplemente querían que me fuera. Volví a Santa Mónica, me hice con un nuevo cargamento de drogas y conduje directamente hasta el Spencer Recovery Center (manejando el volante con las rodillas la mayor parte del tiempo para poder seguir chutándome) y descubrir qué demonios pasaba con Jennifer.

Cuando aparqué el coche, el dentista me esperaba en la puerta. Estaba furioso, pero solo fue capaz de hacerme una pregunta:

«¿Tienes algo?»

«Lo tengo todo.»

«¿Sabes cómo preparar un chute?», preguntó.

«Pues claro que sé.»

Cociné un *speedball* y se lo chuté en el brazo, lo cual acabó con su mal humor de inmediato. Quiso ir a comprar más y con la emoción me olvidé de Jennifer. Regresamos a Marina del Rey, conseguimos una habitación de hotel junto al LAX y nos metimos en faena. Compramos heroína, crack y cocaína por valor de miles de dólares y nos colocamos durante diez días seguidos.

Hacia el final de ese ciclo de diez días el dentista empezó a decir que necesitaba parar, que no podía soportarlo más. Llamaba incesantemente a su mujer, que estaba en Washington, llorando, diciéndole cuánto la echaba de menos y que quería volver a casa. Durante una de esas ocasiones puso un montón de efectivo encima, tapó el teléfono y me dijo que fuera a conseguir más drogas. Pensé que se sentía avergonzado de que yo escuchara su llamada. Quería darle su espacio de privacidad, así que me apresuré a marcharme. Cuando regresé con la droga, el tipo se había largado. Había recogido todas sus cosas y se había ido de allí.

No podía creerlo. Estaba destrozado. Cuando te drogas con alguien, y especialmente si es con cocaína, tiendes a comprometerte en un montón de cosas con el otro. Habíamos hecho grandes planes, entre ellos ingresar en otra clínica de rehabilitación y desintoxicarnos en algún momento dado. Pero cuando estás sobrio arrojas todas esas sandeces por la borda. Ya no te importa nadie. Volvía a estar solo. Mi única compañía eran el dinero y la droga que me había dejado.

El hotel estaba cerca de Century con Sepulveda, pegando a Inglewood, y a las tres de la mañana pasé bajo el viaducto donde suelen estar los sintecho enganchados al crack. Estaba tan colocado que les puse billetes de cien dólares ante los ojos y les dije que fueran a conseguirme más droga.

Les entregué dinero a varios de ellos. Lo aceptaron y salieron corriendo de inmediato. Obviamente, ninguno volvió con mi crack. Ojalá todos hubieran hecho lo mismo, pero varios de ellos decidieron seguirme en lugar de huir con los billetes. Volví a la habitación del hotel a conseguir más dinero y como mi llave había dejado de funcionar abrí el pestillo de la cerradura para que quedara entre la puerta y el marco y no pudiera cerrarse del todo. Encontré el dinero y salí a las calles de nuevo, solo que esta vez sí conseguí drogas. Un sintecho me llevó a un camello y pillé un montón de heroína y crack.

Volví corriendo al hotel. En cuanto entré en la habitación, supe que algo no andaba bien. Advertí sombras que se deslizaban por la pared y entreví la camisa de franela sucia de alguien que sobresalía por encima de la segunda cama, en el hueco que la separaba de la pared. Corrí al cuarto de baño y no uno, sino dos hombres se abalanzaron hacia mí. Conseguí llegar al aseo y cerrar la puerta. Le quité la tapa de porcelana a la cisterna del váter y me subí al mueble del lavabo en la oscuridad, preparado para atacar. Temblaba de la cabeza a los pies.

Tras haber pasado varios días chutándome y sin dormir no estaba en las condiciones más favorables para luchar por salvar mi vida.

La primera bala agujereó la puerta. El disparo fue ensordecedor y un rayo de luz penetró al interior del cuarto de baño. Después, volvieron a disparar. Grité y aporreé la puerta con la tapa de la cisterna.

«¡Os mataré, cabrones! ¡Os mataré!»

Golpeé la tapa contra la puerta una y otra vez hasta que se rompió en dos y me hice una gran herida en la mano. Bajé del mueble del lavabo y me escondí en la bañera. Por alguna razón abrí el grifo, como si el agua pudiera protegerme. Me quedé allí en esa bañera que se llenaba de agua fría, temblando, sangrando y llorando, esperando que entraran a matarme. Pensé en mi vida, en cómo todo era básicamente un enorme error, en lo mal que me había comportado, en todas las personas a las que había maltratado, en lo cutre que era que todo acabara así, en una bañera de un hotel barato de Inglewood. Cerré los ojos con fuerza y esperé a que llegara el balazo en el entrecejo o el corazón y recé para que fuera rápido, repentino e indoloro.

No vinieron a por mí. Cerré el grifo. Parecía que se hubieran marchado, pero seguí allí tumbado durante veinte minutos más para asegurarme. Finalmente, me levanté e inspeccioné los agujeros de bala de la puerta. Eran pequeños, probablemente de un calibre 22 o 25. Alguien me había disparado y había intentado matarme. De repente, me entraron unas terribles náuseas. Empecé a vomitar, aunque eran arcadas más que nada, ya que tenía vacío el estómago. Después, desfallecí allí mismo, en la habitación del hotel.

Cuando desperté horas más tarde estaba tumbado en la cama. El amable y enjuto rostro vagamente familiar de un hombre de raza negra entró en mi campo de visión. Tenía una barba de tres días grisácea y el pelo corto entrecano. Estaba poniéndome una compresa en la frente. Intenté incorporarme de golpe, pero me contuvo. Me encontraba débil y deshidratado. Me obligaba a beber agua todo el tiempo. No comprendía de dónde había salido. A día de hoy todavía me sorprende. Tenía la sensación de conocerlo y él actuaba como si me conociera, pero ¿qué carajo hacía en ese hotel? ¿Cómo me había encontrado?

Volví a desfallecer. Esta vez, cuando volví en mí, el hombre había desaparecido. La compresa estaba en la mesita de noche. No había sido un sueño. ¿Sería un ángel?

Metí en mi mochila lo poco que me quedaba de la clínica de desintoxicación —la ropa, los auriculares y el cepillo de dientes— y salí corriendo de aquel hotel. Estaba seguro de que en cada esquina me esperaba alguien para matarme. Caminé con cautela hasta otro hotel de Inglewood ante el que merodeaban un par de prostitutas.

«Chicas, ¿podéis conseguirme heroína?», les pregunté.

Me miraron y rieron como si les pareciera un idiota.

«¿Cuánto?», dijo una de ellas.

Solo podían conseguirme coca. ¿Quién era yo para discutirlo?

Estaba claro que no había aprendido nada de mi más reciente escaramuza con la muerte, porque cuando me disponía a pagarle saqué un enorme fajo de dinero al que le quité un billete de cien dólares. La chica me trajo la coca y fui a mi habitación para chutármela. Era todo cuanto tenía, la heroína y el crack se habían acabado tiempo atrás. Oí voces en el pasillo al que daba mi habitación y le quité inmediatamente el colchón al somier para bloquear la puerta, seguido de la cómoda.

Seguramente me oyeron hacerlo. Empezaron a aporrear la puerta. Oí voces y risas amortiguadas. Cuando estás colocado de coca tu oído se agudiza y distinguí la voz de una mujer que decía:

«No, tiene dinero. Tiene un montón de dinero. ¡Lo he visto, lo he visto!»

Me senté allí en la oscuridad, chutándome una y otra vez. Tuve convulsiones múltiples. El brazo izquierdo se me durmió por completo y se quedó frío, al tiempo que sentía un dolor enorme en el pecho. Y entonces lo vi: esa figura demoníaca en penumbras de las pesadillas que tenía cuando era niño, salvo que esta vez no era una sola. La habitación estaba llena de ellas. Corrían por todas partes, se aferraban a mí y me atacaban. La oscuridad personificada en esas criaturas exigía ni más ni menos que apoderarse de mi alma para toda la eternidad. Corrí al cuarto de baño, saqué la barra de la cortina de la ducha y empecé a luchar contra ellas. Mientras, los golpes en la puerta eran cada vez más sonoros y violentos.

En cierto punto, en medio de todo esto, me desmayé.

Me desperté pasado el mediodía siguiente tirado en el suelo del cuarto de baño. Alguien llamaba a la puerta.

Me tambaleé hasta ella y me hice a un lado por si alguien disparaba.

«¿Quién es?»

«Soy el director. Se supone que tenía que dejar la habitación hace dos horas.»

«Ah, disculpe. Justamente estaba recogiendo mis cosas. Bajaré dentro de cinco minutos.»

Estaba asquerosamente sucio. Me metí en la ducha y cuando el agua me dio en la espalda sentí un dolor increíble. No era capaz de entender por qué me dolía tanto, no eran los efectos del mono, algo andaba mal. ¿Me habría hecho algún otro corte con la tapadera de porcelana de la cisterna en el otro hotel? Pero ¿cómo había podido hacérmelos en la espalda?

Me puse de pie sobre una toalla frente al espejo y me di la vuelta para verlo mejor. Tenía la espalda llena de arañazos. Volví a recordar la noche anterior. Algo me había atacado en aquella habitación de hotel y me había desgarrado la piel innumerables veces. No sé si serían demonios, fantasmas o algo completamente diferente, pero habían venido a por mí y habían intentado hacerme trizas.

Había una ínfima parte de racionalidad en mi mente que decía: *Sí, claro, es completamente imposible. No estás en una película de terror. No ha pasado nada de eso, has debido de arañarte con algo en el colchón.*

Todo el resto de mi ser me decía que era cierto. Tan real como cualquier otra experiencia que hubiera tenido. Ya no se trataba de una simple batalla espiritual. Ahora, gracias a mi insensatez y mi absoluto desprecio por la vida, había permitido que el mal se instalara en ella inequívocamente.

No tardé en rechazar estos pensamientos. No tenía tiempo para discutir conmigo mismo. Pedí un taxi para que me llevara a la casa de empeños en la que habíamos dejado el collar de la abuela de Jennifer, que de hecho estaba cerca del hotel. Cuando empeñas algo, especialmente si se trata de joyas preciosas, tienes que mostrar tu permiso de conducir y dejar que te tomen las huellas dactilares. Yo había cumplido con el trámite porque Jennifer tenía miedo de que eso le acarreara problemas con su familia.

Dado que estaba a mi nombre pude decirles que ya no me interesaba recuperar el collar y que quería la otra mitad de la fianza. Volvía a estar forrado de dinero. Regresé nuevamente al centro de Los Ángeles. Llegados a ese punto, los efectos del mono eran brutales. Me chuté el resto de la coca para intentar mantener a raya el síndrome de abstinencia de la heroína, lo cual supone una apuesta terriblemente arriesgada.

Al final, conseguí alquitrán y «me puse bien». Como de costumbre, exageré con la dosis y tuve que tumbarme. Fui dando tumbos hasta un callejón cercano y me dejé caer sobre el suelo. Olía a basura recalentada y a vómito rancio. Tenía una ingente cantidad de rostros a medio metro de distancia. Entonces, me percaté. Fue como recibir un palazo en la cabeza. Cuando se llegaba al sitio en el que me encontraba ya no había marcha atrás.

Había compartido jeringuillas con una persona enferma de sida. Mi madre vivía por debajo del umbral de pobreza y había agotado todos los recursos que le quedaban. Había pedido créditos de miles y miles de dólares con su tarjeta para enviarme dinero.

Los siguientes catorce o dieciocho meses, no recuerdo exactamente cuánto duró aquello, fueron una nebulosa en la que iba pidiendo por las gasolineras, recibía palizas, me metía sobredosis y acababa en el hospital. Ya había sido un «sintecho» en otros períodos en los que dormía en hoteles y coches, o usurpaba el salón en casas de amigos. Pero, desde el momento en que llegué a serlo de verdad, mis estándares no pudieron caer con mayor rapidez. Recoger colillas de los ceniceros para fumármelas o cagar en un callejón sin tener papel higiénico formaba parte de mi rutina habitual.

Siempre estaba en movimiento. Cuando llegas a ese punto no puedes parar. Y no me refiero a las drogas, eso se da por hecho. Estoy hablando de deambular de un sitio a otro. Tienes que moverte. Vives con una sensación constante de fatalidad inminente y encuentras pruebas de ello en todas partes: camellos a los que debes dinero, bandas callejeras en cuyo terreno operas inconscientemente que te matarán sin pensárselo, gente de la calle, estafadores profesionales, adictos al crack, yonquis enfermos de sida que han perdido toda esperanza y acabarán con tu vida por una papelina de cinco dólares. Las calles están sucias, repletas de cristales de pipas de crack rotas, agujas mugrientas, sangre, pecado. Huelen a orín y a mierda. Los centros de día y refugios para los sintecho parecen tristes a la luz del sol, pero jamás imaginaríais la transformación que sufre Skid Row cuando la noche y la oscuridad se apoderan de ella, las palizas, los asesinatos. Se producen muertes a diario, pero jamás oiréis hablar de ello, ya que esas personas no le importan a nadie, pues de lo contrario no habrían acabado allí.

Se trata de un extenso muestrario de prisioneros de la guerra que perdimos contra las drogas, enfermos mentales que no pueden permitirse ingresar en un hospital (muchos de ellos exmilitares), niños procedentes de familias desestructuradas, víctimas de violencia y abusos sexuales. Una vorágine vertiginosa de locura y adicción, esperanzas perdidas, trata de blancas, asesinatos, violencia, delitos y pecado, todo ello controlado bajo cuarentena en una zona de la ciudad situada a pocas manzanas de la comisaría central de policía, en donde todos hacen como si no existiera y a nadie le preocupa.

Hay hombres heterosexuales que violan a otros frente a un grupo de varones que ríen como simple acto de dominación o para mostrar su poder. Es una violencia diferente de la farsa desprovista de sensaciones que vemos en la televisión y en las películas. Sucede de forma rápida y repentina y te deja sin aliento. La sangre es mucho más oscura y mucho más abundante. Y los ruidos, el sonido gutural y visceral de la violencia real, no solo te deja sin respiración, sino completamente aletargado durante horas, como si te hubieran inyectado Novocaína en todo el cuerpo.

No puedes creer lo que has presenciado, así que el mecanismo de defensa de tu cerebro lo empuja hacia alguna parte de tu interior, a tu subconsciente. Desafortunadamente, casi siempre resurge, normalmente en forma de ataque de pánico o pesadilla.

Cada cierto tiempo conseguía localizar a algún viejo amigo o conocido de Malibú que se apiadaba de mí.

Me llevaban al centro de la ciudad en coche, me daban dinero y, por supuesto, querían que les pillara algo, así que lo hacía.

Tras ver la condición en la que me encontraba, me alquilaban una habitación en un hotel y me decían que me diera una ducha y rehiciera mi vida, pero que por favor no volviera a contactar con ellos. Supongo que esperaban ver al viejo Khalil y no esa versión demacrada y sucia de cuarenta y nueve kilos de peso llena de pupas y pústulas. Se cagaban de miedo cuando me veían en ese estado, y así, uno a uno, todos fueron desapareciendo.

6

La última persona que intentó ayudarme fue Dana, que había sido nuestra vecina hasta que Jennifer y yo nos mudamos para intentar desintoxicarnos. Me dijo que tomara el autobús hasta Malibú y pasara por su casa para darme una ducha y ponerme ropa limpia. Cuando abrió la puerta y me vio, se echó a llorar.

«¿Cómo has podido dejar que te pase esto?», preguntó.

«No lo sé. No lo sé.»

Ambos estábamos llorando. Le rogué que llamara a su camello para que trajera heroína y lo hizo. Estuvimos colocándonos durante tres días seguidos. Cuando se acabó lo que teníamos, me prestó el coche para que fuera a conseguir más. Obviamente, desaparecí durante tres o cuatro días y cuando volví se puso hecha una fiera.

«¿Qué coño te pasa? ¿Por qué tenías que hacerme eso? ¡Confiaba en ti!»

Había llamado a la policía para denunciar el robo del coche. Le pedí dinero para marcharme de Malibú y se negó a dármelo. Nos pusimos a gritarnos el uno al otro hasta que terminó accediendo.

«Vale, te daré el puto dinero —dijo—. Espérame aquí.»

Entró en su habitación. Yo fui a la cocina, donde sabía que guardaba el bote de calderilla para la lavandería. Tendría unos doscientos dólares en monedas y lo vacié todo en mi bolsa. Rara vez robaba, ya que se me daba mejor pedir cosas. Pero sabía que, de todas formas, dada la condición en la que me encontraba, nunca volvería a invitarme a su casa.

Cuando Dana volvió con el dinero nos pusimos a discutir de nuevo. Me arrojó el dinero a la cara y yo lo recogí y me marché.

Subí a un autobús que iba al centro de Los Ángeles, situado a unas dos horas de camino. Llegado ese momento llevaba ya varias horas sin colocarme y empezaba a notar los efectos del mono. Mientras intentaba contenerme, balanceándome adelante y atrás mientras me rodeaba el abdomen con ambos brazos, empecé a temblar. Era por la tarde y el autobús estaba lleno de empleadas domésticas que regresaban a casa tras la jornada laboral. Todavía recuerdo sus rostros amables y gentiles compadeciéndose de mí.

Bajé del autobús en La Brea, donde ya conocía algún que otro buen fumadero de crack. Fui directo hasta el más cercano. Cuando salí de allí no estaba simplemente colocado, sino hasta las cejas. Mi corazón parecía a punto de estallar. Apretaba tanto los dientes que estaba seguro de que se partirían como si fueran de porcelana. Veía resplandores de luces por todas partes. Oía helicópteros y voces. En mis oídos resonaba un sonido muy molesto. Sentía las lombrices que me recorrían los brazos, el cuero cabelludo, las orejas, los oídos y la boca, intentando llegar hasta mi cerebro. Estaban en camino, los alienígenas, los demonios. Venían a por mí.

Me acuclillé tras unos arbustos. Llené la pipa con tal cantidad de crack que apenas podía encenderla. Y entonces: ¡BAM! Una bruma enorme. Primero se me adormecieron la boca, la garganta y los pulmones. Después mi rostro entero. Oía ruidos ensordecedores y chirriantes, como un tren que se detiene de repente.

Están llegando. Sé que vienen a por mí. Vienen a matarme.

Me levanté para correr, pero me temblaban las piernas y perdía la visión por momentos. Caí con todo mi peso en el suelo, apoyado sobre las manos. Estaban llegando. Venían a matarme. Conseguí levantarme con gran esfuerzo y concentración y salí de allí corriendo. Cuando llegué a la esquina de Washington con La Brea vi dos coches patrulla aparcados en la gasolinera de Chevron. Las puertas de uno de ellos estaban abiertas y un policía hablaba por la radio en el asiento del conductor.

Tuve el presentimiento de que estos policías se encontraban entre aquellos que habían venido a liquidarme. Sin embargo, no sabían que yo estaba detrás del coche. Llegué a convencerme de alguna forma de que si entraba en el vehículo antes de que se percataran no podrían dispararme. Corrí tan rápido como pude y me refugié en el asiento trasero de uno de los coches patrulla. Los asientos eran duros y de plástico y caí de bruces sobre ellos.

«¡No disparen! ¡No disparen! ¡No disparen!», vociferé.

Decir que los había sorprendido sería quedarse corto.

«¿QUÉ COÑO ESTÁS HACIENDO?», gritó uno de ellos.

«¡No disparen, por favor! ¡Por favor, no disparen!»

«¿De qué coño estás hablando?», me preguntó.

«¡Por favor, no me disparen!»

«¡Sal del vehículo y pon las manos detrás de la cabeza!»

Oír esas palabras hizo que me despejara de golpe.

Entendí, súbitamente, que acababa de subir a un coche de policía completamente colocado y con una pipa de crack en el bolsillo trasero y me sentó como un jarro de agua helada. Salí lenta y cuidadosamente del coche al tiempo que me sacaba del bolsillo la pipa de crack.

«¿Qué estás haciendo?»

Si rompía la pipa, no podrían usarla como prueba en mi contra. La arrojé delante de ellos sobre el asfalto caliente. Rebotó dos veces sobre el suelo y cayó entre nosotros, intacta.

El policía se quedó mirándola y luego volvió la vista hacia mí, negando con la cabeza.

«Eres un auténtico idiota. ¿Por qué no la has tirado en la calle antes?»

«¿Puedo tirarla ahora?», le pregunté.

«No. Pon las manos detrás de la cabeza. Estás detenido.»

Me empujó contra el coche y me registró, después me leyó los derechos y volvió a hacerme entrar en el coche. Cuando revisaba mi permiso de conducir me dijo:

«¿Qué clase de nombre es Khalil?»

«Es árabe. Mi padre es palestino.»

«Mi padre también es árabe —dijo—. No necesitamos a nadie para que piensen mal de nuestra gente y ahí vas tú actuando como un idiota. Deberías avergonzarte de ti mismo.»

«¿No podría dejarme marchar? Prometo que buscaré ayuda.»

De hecho, se quedó pensándolo durante un momento, pero antes decidió comprobar mis antecedentes. En la central le dijeron que pesaban sobre mí órdenes de detención. Muchas. Al parecer había faltado a mis citas con el juzgado, pero yo no tenía idea de cuándo eran ni por qué motivo.

Esa noche comencé el arduo y largo proceso de internamiento en la cárcel del condado de Los Ángeles. No podía parar de llorar. Me habían encarcelado en Texas por posesión de marihuana y en Malibú, pero esto era diferente. Había oído muchas historias sobre la cárcel del condado de Los Ángeles, pero por terribles que fueran esos relatos nada podía prepararme para lo que vendría después.

Me trasladaron de sala en sala para cumplir los trámites del ingreso. Hacía un frío terrible y empezaba a sentir los efectos del mono. Me desnudaron, inspeccionaron mis cavidades corporales, tomaron mis huellas dactilares y me hicieron fotografías para la ficha policial. Después me internaron en un lugar llamado el «Invernadero», situado frente a la cárcel del condado de Los Ángeles, a la espera de que me transfirieran. El olor era nauseabundo, como a carne en descomposición. Estaba repleto de indigentes, pandilleros, asesinos, violadores. No había diferencias. Permanecí en ese lugar durante un par de días. Para entonces, el síndrome de abstinencia estaba en pleno apogeo. Tenía unas náuseas insoportables. Me entraron sudores fríos y empecé a temblar incontrolablemente. Intenté dormir, pero no hubo suerte. Cuando finalmente me transfirieron, junto con otros detenidos, al otro lado de la calle, a la cárcel del condado de Los Ángeles, sentí un extraño *déjà vu*. Volvieron a desnudarme y me dieron un uniforme. Tenía mucho frío. No podía parar de sudar y temblar a la vez. Nos desplazaban de sala en sala, gritándonos todo el tiempo. El olor que emanaban los internos se combinaba para formar el tufo más asqueroso y pútrido que haya olido en mi vida, peor incluso que en el «Invernadero»: mierda, orina, sangre y semen mezclados con pecado y fracaso.

Cada vez que nos trasladaban a una nueva sala teníamos que sentarnos sobre el helado suelo de cemento, apretujados unos contra otros de manera incómoda, todos con las rodillas pegadas a la espalda del otro. Ahora sabía lo que era sentirse como ganado.

Cuando llegamos a la segunda sala adopté mi posición en el suelo, apretando las rodillas fuerte contra el pecho, con los brazos metidos dentro de la camisa y las manos bajo las axilas para intentar calentarme. Noté que uno de los internos se quedaba mirándome. Aquel hombre blanco tan apuesto con grandes ojos de color azul claro no parecía encajar en aquel lugar, pero todo cambió cuando abrió la boca. Sus dientes, o más bien lo que quedaba de ellos, eran terribles, estaban negros y podridos.

«¿Primera vez?», dijo.

«¿Qué?», pregunté, confundido por su pregunta.

«¿Es tu primera vez, colega?», repitió con su voz áspera.

«¿La primera vez de qué?»

El tipo inclinó la cabeza y alzó la voz.

«Si es la primera vez que te encarcelan, joder.»

«Sí, no, es decir… No lo sé, más o menos… Aquí… sí. Es decir, es la primera vez que me meten en la cárcel del condado de Los Ángeles.»

Ignoró mi balbuceo y esbozó una enorme sonrisa podrida y satánica, al tiempo que decía:

«Bienvenido al sistema, colega».

«¿Qué quieres decir?»

Estuvo riendo durante lo que me pareció una eternidad, hasta que finalmente dijo:

«Bienvenido al sistema, colega. Una vez que entras, volverás una y otra vez».

«No, no, no —dije—. Es que estaba muy colocado. Me metí en un coche de policía. No, no pienso volver a hacerlo. No volveré.»

Empezó a descojonarse de nuevo y esta vez se unieron a él otros internos. Me estremecí. No dejaba de oír esa asquerosa voz áspera en mi cabeza: «Bienvenido al sistema, colega».

El terrible olor era cada vez más intenso y sufría náuseas constantemente. Empezaron a darme arcadas. Olía a pus, a sida, a muerte. Estaba pudriéndome. Nos pudríamos. Nos pudríamos todos juntos. Una colonia enorme de leprosos, pecadores, fracasados, bandidos, asesinos y ladrones.

Había varios pandilleros de alto rango internados conmigo. Debido a su estatus, podían dormir en los pocos bancos disponibles. Se quedaban con todos los rollos de papel higiénico y los usaban como almohada. Los pandilleros de menor rango se aseguraban de que el resto de los internos no los molestaran. Me vi obligado a limpiarme el culo con las manos. Era demasiado. Empecé a vomitar y a cagarme al mismo tiempo.

Allí estaba, retorciéndome y llorando, temblando y con convulsiones en el suelo de la celda. A nadie le importaba. Los otros internos reían y me pisaban cuando tenían que usar el retrete.

«¿Qué tal te trata la droga ahora, paleto?»

Cuando ya no podía soportarlo más cometí el estúpido error de despertar a uno de los jefes pandilleros para pedirle el papel higiénico que usaba como almohada. Se incorporó de golpe y uno de los pandilleros jóvenes me apresó del cuello mediante una llave, me apartó y gritó:

«¿Qué coño estás haciendo, chaval? ¿Qué coño haces? ¡No lo mires! ¿Qué coño haces? ¡No me mires!»

Aparté la vista. El tipo me empujó contra la pared. Cuando el líder pandillero volvió a recostarse en el banco con su almohada de papel higiénico, el chico que me había agarrado bajó la voz.

«Colega, van a joderte vivo. Eso no se hace. No hagas eso nunca. Tienes que largarte de aquí.»

Estaba desorientado por el repentino cambio de tono en su agresividad.

«Sí, claro que tengo que salir de aquí. ¿Qué se supone que hay que hacer?»

«Baja la voz. Escúchame. Tienes que decirle a uno de los guardas que te quieres matar.»

«¿Por qué?»

«Tú hazlo. Tienes que salir de preventivos. Van a joderte vivo. Tienes que salir de este módulo.»

Me entraron más temblores que nunca.

«Vale. Vale. Gracias… ¿Cómo te llamas?»

«Christopher Reefer.»

Seguro que podéis imaginar por qué recuerdo su nombre. Hice exactamente lo que me había dicho Christopher Reefer. Le dije a uno de los guardias que quería matarme. Tenía espasmos y estaba cubierto de vomitos, mierda y orina, así que me creyó. Un grupo de guardias entró en la celda. Me agarraron, me tiraron al suelo y me pusieron grilletes en las manos y los pies. Me arrastraron hasta lo que llamaban el «Pastillero».

Al principio no parecía que tuviera tan mala pinta. Había una zona común como en el «Invernadero», pero no estábamos tan hacinados y había espacio suficiente para sentarse y dormir tumbado en el suelo. Los pasillos eran una ringlera de celdas cerradas con puertas de acero y ventanillas de plexiglás. Allí estaban recluidos los internos que no podían controlarse o que suponían un peligro real para sí mismos y el resto, no aquellos que simplemente hablaban de matarse como yo.

Durante mi estancia en el «Pastillero» conocí a un tipo negro al que llamaban Dragon y a otro blanco con el apodo de Bird que llevaba la palabra «Paleto» tatuada en la espalda. Me explicó que ese era el nombre por el que se conocía a los blancos en la prisión. Dragon y Bird me dieron un cursillo acelerado sobre la vida de los reclusos: marcas y tatuajes, jerarquía y bandas callejeras, etiqueta y jerga de la cárcel. Ambos habían pasado una buena parte de sus vidas entrando y saliendo de prisión y de los círculos pandilleros.

Me explicaron que el módulo en el que nos encontrábamos se llamaba Unidad Psiquiátrica y que era muy diferente del módulo de preventivos, en el que ninguno de ellos dos se habrían relacionado uno con otro. Querían saber cómo había acabado en el «Pastillero», así que les conté el incidente del papel higiénico.

«¿Estaba durmiendo en el banco?», preguntó Dragon.

«Sí —respondí—. ¿Por qué?»

«Y ¿lo despertaste?»

«Sí. ¿Por qué?», repetí.

«Joder, colega. Tienes mucha suerte de que no te mataran allí mismo. Te meten una toalla mojada en la boca y te fulminan como si nada.»

Les hablé de Christopher Reefer.

Dragon negó con la cabeza y dijo:

«Ese tipo te salvó la vida».

Bird también metió baza:

«Ahí le has dado, colega. Le debes una».

Así que, gracias, Christopher Reefer, allí donde estés.

A medida que caía la noche y repartieron las medicinas, una calma espeluznante se instaló en el módulo, la tranquilidad antes de la tormenta, supongo. Conseguí dormir un poco, hasta que me desperté al oír unos golpes estruendosos. Miré a mi alrededor y descubrí a un hombre dentro de una de las celdas dándose cabezazos contra la ventanilla de plexiglás de la puerta. Había sangre por todas partes. Otro de ellos empezó a gritar y a darse cabezazos también. Y en una tercera celda había uno embadurnando toda la ventanilla con algo. Yo no entendía a qué venía todo aquello.

Alcé la vista y vi que Dragon estaba despierto.

«¿Qué está pasando?»

«Oh, colega. Hacen eso durante toda la noche. Se abren la cabeza y después escriben con su propia sangre. La restriegan por todas partes. Lo del otro colega es mierda. Está llenando la ventana de mierda como si pintara con ella.»

«¿Por qué demonios hacen eso?»

«¿A qué coño te refieres con "por qué"? —preguntó—. Estás en el "Pastillero", cabronazo. Esto es la casa de los locos. Te han metido con los locos porque les dijiste que querías suicidarte.»

Así que había conseguido colarme en el módulo de la Unidad Psiquiátrica de la prisión del condado de Los Ángeles. Estaba en un infierno completamente diferente. Los días parecían durar semanas y notaba que mi propio juicio empezaba a abandonarme. Los internos gritaban, se machacaban la cabeza y golpeaban las puertas toda la noche mientras yo permanecía despierto con insomnio, sufriendo todavía el mono. El síndrome de abstinencia agudo dura entre tres y cinco días, pero se tarda semanas en poder conciliar bien el sueño, meses incluso. La comida era horriblemente asquerosa, una forma de castigo completa en sí misma. Empecé a resignarme de manera lenta, pero segura, a que mi vida se reduciría a esto durante un largo tiempo. Sabía que estaba en libertad condicional. Incluso recordaba haberla violado un par de veces anteriormente, así que hasta ahí había llegado. Estaba jodido. Intenté llamar a cobro revertido a todos los números de teléfono que recordaba, pero nadie aceptaba mis llamadas.

La gente no paraba de preguntarme sobre las sobredosis y los ataques y si no me daba miedo. Ninguna de esas estupideces me asustó (salvo aquella vez en la que me quedé en coma y virtualmente muerto), pero esta mierda sí me daba miedo. Disfrutaba de las conversaciones con mis compañeros de celda para pasar el tiempo, pero en mi interior sentía que no podía confiar en ninguno de ellos y que probablemente ambos eran peligrosos, muy peligrosos.

Lo único bueno era que los guardias me daban Robaxin para el dolor muscular y los espasmos. Algunos de los otros internos tomaban Wellbutrin y los machacaban para esnifarlos. Yo lo probé y me dio la impresión de que era de gran ayuda, aunque, quién sabe, puede que simplemente estuviera contento de poder esnifar algo.

Cuando finalmente llegó mi cita con el tribunal, dos semanas y media después, me encadenaron por las muñecas y los tobillos a otro interno y nos metieron en un autobús con un grupo numeroso de presos. Se detenía en todos los juzgados para que bajaran y subieran internos, y la mía era una de las últimas paradas. Olía como si ninguno de los que estaban en ese autobús hubiera visto una pastilla de jabón o un cepillo de dientes en meses.

Me hicieron bajar en el juzgado de Malibú y me colocaron junto al abogado de oficio que habían designado para representarme.

«¿Qué vamos a hacer?», pregunté.

El tipo ni siquiera levantó la cabeza de sus papeles.

«¿Qué vamos a hacer? Yo me iré a casa después de esto. Tú irás a la cárcel.»

«¿De qué estás hablando?»

«Estás en libertad condicional —dijo—. Firmaste un papel diciendo que no la violarías y que en caso de que lo hicieras pasarías dieciocho meses en prisión. Y ¿sabes qué? Fumar crack y estar en posesión de instrumental significa violar la condicional. Así que irás a la cárcel. Bueno, de hecho, irás a una prisión estatal.»

Mierda.

En un último intento a la desesperada llamé a mi madre desde la cabina del juzgado. Le rogué y le supliqué que me contratara a un abogado y, cuando vi que eso no funcionaba, grité y la amenacé.

«Lo siento —dijo—. No puedo hacer nada. No me llames más. No puedo hacer nada.» Me llevaron al tribunal para que me presentara ante el juez. Se trataba de la jueza Adamson, una mujer ante la que había estado en varias ocasiones. Siempre había sido muy amable y considerada conmigo y me daba vergüenza que viera la condición en la que me encontraba. Bajé la cabeza y esperé a que me mandara a la cárcel.

«Haremos entrar a la persona que hablará en su nombre», anunció.

«¿Qué?»

«Ha venido alguien que hablará en su nombre.»

Me di la vuelta. Una mujer que apenas conocía llamada Penny caminó hacia el banquillo. Parecía que una de mis llamadas de pánico había tenido éxito después de todo. Penny era una yonqui a la que había visto un par de veces que estaba convencida de ser la fuente de inspiración para la canción *Penny Lane*. Trabajaba para Jerry en The Telesis Foundation, la clínica para pacientes externos en la que Jennifer y yo conseguíamos nuestra medicación. Jerry era el exyonqui que dirigía el centro y tenía un corazón enorme. Había enviado a Penny para que hablara en mi nombre. Tal vez le diera pena. O quizá, fuera algún tipo de código secreto entre yonquis, velar por alguien y ocuparse de algo que ella reconocía a la perfección. Realizó una labor excelente exponiendo mi caso y nada de lo que dijo era cierto.

«El señor Rafati ha tenido un comportamiento ejemplar —dijo—. Ha estado asistiendo a reuniones para pacientes externos y se ha sometido a exámenes toxicológicos regularmente y participa en la comunidad de manera activa. Desgraciadamente, ha sufrido una recaída y creemos firmemente que merece otra oportunidad.»

La jueza le hizo varias preguntas más y Penny contó otras tantas mentiras.

Tras esto, la jueza le dijo a Penny:

«Por lo que me ha relatado, creo que lo apropiado sería poner en libertad al señor Rafati y dejarlo bajo su tutela para que vuelva a reinsertarse en el programa. ¿Están dispuestos a hacer eso? ¿Están ustedes dispuestos a volver a aceptarlo en su programa?»

«Sí, por supuesto», dijo Penny.

No podía creer lo que estaba sucediendo. ¿De verdad iban a ponerme en libertad?

Después, ese heroico abogado de oficio que me había tocado en suerte se levantó y señaló el mono amarillo con el que yo iba vestido, el mismo que daban a todos los internos del «Pastillero».

«El señor Rafati no está preparado para reinsertarse en la sociedad», afirmó.

La jueza reflexionó sobre mi persona durante un breve momento en el que contuve la respiración.

«Que se someta a una evaluación psicológica», sentenció.

Tuve que volver a meterme en aquel autobús, pero ahora tenía esperanza. El psiquiatra de la prisión del condado de Los Ángeles me realizó un examen psicológico de tres horas de duración en el que realizaban las preguntas más extrañas que jamás hubiera oído y me declararon apto para la puesta en libertad.

Era libre.

Cuando salí de la cárcel del condado de Los Ángeles me reinserté en la sociedad temporalmente. Aparte de meterme el miedo en el cuerpo, la cárcel también había servido para mejorar mi condición física. Había recuperado unos diez kilos y volvía a parecer un ser humano.

Llamé a mi colega Duane, que no era un sintecho exactamente, pero sí dormía en sofás de prestado. En la cárcel había hecho incontables pactos con Dios, diciéndole que si me sacaba de allí jamás volvería a beber ni a colocarme de nuevo, y en aquellos momentos lo decía en serio, pero hay que ver cómo cambiaron las cosas en cuanto dejé de estar a la sombra. No pensaba ir a Alcohólicos Anónimos ni por asomo; eso era para perdedores. Y, para dar fe de ello, empecé a beber cerveza periódicamente, aunque nunca más de una, para demostrarme a mí mismo y a los demás que yo no era un alcohólico ni en broma.

Un par de meses después estábamos cenando en una marisquería y yo me bebía mi cerveza rutinaria. Duane se pidió un Jack Daniels con Coca-Cola, pero se lo dejó a medias, porque se marchó con una chica con la que había ligado. Yo estaba celoso y resentido, primero porque yo no había ligado con nadie; y, segundo, porque no sabía cómo volvería a la casa en la que nos estábamos quedando. Me apropié de su cubata y me lo bebí de un trago. A los pocos segundos de que el pelotazo llegara a mi estómago, tuve una sensación de calidez, y después hambre. Hambre de drogas y autodestrucción. Hambre de inconsciencia. No sé por qué, pero estas cosas siempre van así. Vi pasar de reojo al camello que pasaba coca en la zona, Christian. Era imposible no reconocerlo, porque siempre iba con un maletín lleno de drogas, el tipo de historias que solo pasan en Malibú.

Me dirigí hasta él y no fui a pedirle un gramo, más bien se lo exigí. Me pidió el dinero y mi respuesta fue: «Ya conseguiré después el puto dinero. Tú dame un gramo».

Había hecho tratos con él en el pasado y nunca lo había timado, así que supuso que le pagaría. Lo seguí hasta el cuarto de baño y en cuanto empezó a extender el brazo para darme el gramo se lo quité de las manos y salí huyendo. Salí corriendo literalmente del restaurante, atravesé el aparcamiento y bajé por la autovía Pacific Coast hasta casa de Greg, un viejo adicto al crack que tenía un apartamento diminuto en la playa al que solía ir a fumar crack. Greg tenía un par de secretos sucios que había compartido conmigo durante una de esas largas noches que pasábamos juntos después de que todo el personal hubiera marchado de la fiesta. El primero era que se chutaba igual que hacía yo, pero no quería que nadie lo supiera, y guardaba las jeringas en el interior de una vieja radio que había en su baño. El segundo era que tenía hepatitis C.

Llegué a casa de Greg jadeando, completamente asfixiado, y empecé a golpear la verja, aunque no sé por qué me molesté en hacerlo, dado que ni siquiera esperé a que contestara. La salté sin esfuerzo con una fortaleza que incluso a mí me sorprendió. Bajé las escaleras y después subí hasta su puerta y empecé a golpearla también. Esta vez esperé unos veinte segundos antes de protegerme la mano con la manga del jersey y atravesar el cristal para abrir la puerta desde dentro. Ni siquiera miré a mi alrededor mientras corría por el apartamento. Simplemente fui directo al baño. La vieja radio llena de agujas usadas sucias estaba encima del armario. La cogí y empecé a chutarme coca en el brazo.

Me gustaría decir que realicé un descenso gradual a los infiernos, pero regresé instantáneamente a ese estado psicótico y paranoico en el que no quería más que perder la consciencia. No podía soportarme a mí mismo en absoluto. La vergüenza me superaba, el miedo, la culpa. Simplemente, no podía enfrentarme a ello. Volví a desaparecer entre los fumaderos de crack y los picaderos, de regreso al abismo de la indigencia. Fue en cierto punto de esas primeras dos semanas cuando me encontré en un autobús prácticamente desocupado dirigiéndome al centro de Los Ángeles. Solo había en él otras dos almas desafortunadas.

«¿Dónde está todo el mundo?», pregunté al conductor.

El tipo miró por el retrovisor, pero no me contestó.

Cuando finalmente llegué al centro de la ciudad, las calles estaban desiertas.

¿Qué coño pasa aquí?

Tenía una sensación espeluznante de frío en mi interior. ¿Acaso me hallaba ante el Apocalipsis o algo parecido?

Al final, vi un rostro familiar, a LaWanda, una mujer negra algo mayor que iba en silla de ruedas, tan toxicómana como yo, pero una auténtica santa. En varias ocasiones me había visto con el mono y me había ayudado, compartiendo conmigo lo poco que tenía.

«¿Estás bien, cariño?», me preguntó.

«No, tengo el mono. Tengo el mono, LaWanda. ¿Qué coño pasa? Necesito meterme algo.»

«¿No sabes que hoy no hay nadie en las calles, cariño?»

«¿Qué quieres decir? No lo entiendo.»

«¿No lo sabes, querido?

«¿Qué tengo que saber? Por favor, que tengo el mono.»

«Oh, ven aquí, cariño —me dijo mientras estrechaba mi mano. Alzó la vista con esos ojos marrones cariñosos que tenía y apretó con firmeza—. Hoy es Navidad.»

Me quedé estupefacto. No podía respirar. Oía la risa lejana de aquel viejo: «Para los yonquis no existe la Navidad».

Rompí a llorar. Gimoteaba. Me arrodillé y me incliné sobre la silla de ruedas de LaWanda, que me abrazó. No dejaba de decirme que si conseguíamos llegar a San Julián encontraríamos algo, pero yo la ignoré y simplemente seguí llorando.

¿Qué coño le ha pasado a mi vida? ¿Cómo ha podido pasarme esto? ¿Cómo, si es que existe un puto Dios en el cielo, he podido acabar así?

Empujé a LaWanda en su silla de ruedas todo el camino hasta San Julián, también conocido como Skid Row. Fuimos de chabola en chabola, preguntándole a la gente si tenían alguna papelina para compartir. Al final encontramos a uno que tenía y «me puse bien».

Al día siguiente pedí limosna en la calle y tomé el autobús hasta una oficina de bienestar social de Pico Boulevard. Tuve que pasarme seis horas en la cola y rellenar todo el papeleo, pero salí de allí a media tarde con doscientos doce dólares en vales de comida, de hoteles y de billetes de autobús. Volví a tomar el autobús de regreso al centro de la ciudad para ir a la oficina donde te validaban los vales de comida y rápidamente los cambié por drogas. Seguía teniendo suficiente arte como negociador para conseguir una gran cantidad prácticamente a precio de costo.

No obstante, mi apetito era insaciable. No tardé en fumarme y chutarme todo lo que había comprado, así que seguí pidiendo limosna. En cuanto conseguía suficiente, corría a comprar más drogas. No estaba en mi sangre aquello de robar ni hacerle daño a nadie, pero, aparte de eso, hice cualquier cosa que pude para conseguir drogas o dinero para comprarlas.

Una noche de madrugada estaba en algún lugar de las profundidades de Hollywood cuando me quedé sin crack y no había nadie alrededor a quien pedirle dinero. Volví a Orange Avenue y le supliqué a uno de los camellos que me diera más. Sé que parece una locura, pero a veces funcionaba. Se aburrían permaneciendo en pie toda la noche y a veces solo tenías que quedarte por allí y darles conversación para que te soltaran algo. Este tipo no quería hablar. Me dijo que le acompañara hasta el callejón. Quería que se la chupara, pero me negué. Después, me preguntó si podía jugar con mis pies.

«¿Me darás crack?», pregunté, y me pasó una roca de veinte dólares. No podía creérmelo. Lo metí todo en la pipa, le di una calada enorme y saqué una humareda increíble. Fue un triunfo total. El corazón me latía deprisa. El tipo no paraba de tocarme los pies. Le pedí otra dosis.

Me dijo: «Espera», y se bajó los pantalones. Se sacó la polla y después me dio otra roca de veinte dólares. Empezó a masturbarse. Y yo me fumé el crack. Él siguió machacándosela y pasándome crack mientras yo fumaba y fumaba.

No cabe duda de que acabar en un callejón a las cuatro de la mañana con un camello de crack, un negro sintecho, que se masturbaba mientras me tocaba los pies no entraba dentro de mis planes cuando salí de Ohio y recorrí el país en busca de fama y fortuna.

Mi madre era la única persona que todavía respondía a mis llamadas. Cuando me quedaba sin vales de comida o de hotel, o simplemente no tenía el empuje necesario para pedir dinero en la calle, la llamaba y le pedía dinero. Normalmente con llorar y suplicar me funcionaba, pero, si no, siempre podía amenazar con suicidarme.

La última conversación que tuve con mi madre durante ese período comenzó de la manera más típica. La llamé a cobro revertido desde Santa Mónica. Ese día no tenía paciencia para rogar ni suplicar, así que pasé directamente a aquello de «me voy a suicidar». Mi pobre madre. No tenía para su propio sustento y ahí estaba yo de nuevo, gritándole que me enviara dinero para comprar droga. Me había convencido a mí mismo de que era culpa suya que me encontrara en esa situación, y de que me lo debía por no estar ahí cuando más la necesitaba.

No le decía que el dinero era para drogas, pero ella lo sabía. Rompió a llorar. Antes de colgar, me dijo:

«Voy a enviarte dinero por última vez, pero no vuelvas a llamarme nunca más. Esta vez lo digo en serio. No pienso contestar al teléfono».

Estaba demasiado histérico como para que me importara. En cuanto recibí el dinero, fui a comprar heroína. Ahora solo necesitaba acompañarla con un poco de coca. Llamé a un camello jamaicano que conocía.

Me citó en un callejón cerca del McDonald's de la Calle Segunda de
Santa Mónica. En cuanto subí al coche me dijo:
«¡Joder, colega, cómo hueles!»
«Lo siento.»
«No, hombre, ¿qué te pasa? —preguntó—. ¿Llevas mucho sin cam-
biarte de ropa?»
«Mira, solo quiero que me pases algo, por favor, podrías...»
«¿Dónde estás quedándote?»
No estaba quedándome en ningún sitio. Dormía en cualquier parte
en la que acabaran mis huesos, a veces en hoteles de mala muerte, pero
principalmente en las calles y debajo del puente, junto a los enganchados
al crack. Pero quería volver a Malibú. Conocía a unas chicas cuya familia
alquilaba una vieja casa en las colinas. Eran unos viejos *hippies* a los que
les caía bien y disfrutaban mucho con la música que hacíamos Duane y
yo. El padre era inglés y la madre creció en San Francisco en la década de
1960. Tenían siete hijas. Había una cabaña en el patio trasero de su finca
en la que solía dormir antes de tocar fondo. No tenía agua corriente ni
electricidad, pero ponía un prolongador desde la casa de los vecinos e iba
al bosque cuando tenía que hacer mis necesidades. La finca en su totali-
dad estaba bastante abandonada, pero aquella familia lo hacía todo con
tanto amor que no parecía importar. Las hijas me querían todas sin excepción y solían traerme comida. A veces incluso me hacían galletas. Allí
me sentía seguro.
Así que le dije al camello:
«Estoy en Malibú, subiendo Winding Way».
«Te llevo.»
Bajó las ventanillas y condujo todo el camino hasta Malibú, más de
treinta kilómetros. Yo no entendía lo que hacía. ¿Por qué querría llevarme todo ese trecho hasta Malibú? Al principio pensé que iba a matarme,
pero entonces empezó a darle vueltas sin parar al asunto de que tenía que
rehacer mi vida, hablando con ese fuerte acento jamaicano que tenía.
Llegamos a Winding Way West y giró a la derecha. Solo para asegurarme, porque no quería que supiera dónde me quedaba exactamente, le
dije antes de llegar a la finca:

«Aquí, aquí está bien».

«¿Estás seguro?»

«Sí, aquí ya me va bien.»

Saqué el dinero que me había enviado mi madre y me disponía a darle un billete de cien dólares por la coca. Él simplemente se quedó mirándome.

«Aparta ese dinero, hombre —dijo—. Y hazme un favor. Consigue ayuda. Date una ducha y consigue ayuda, hombre.»

Su comentario me dejó un poco planchado. Tienes que estar muy mal para que tu propio camello te ruegue que busques ayuda y se niegue a aceptar tu dinero. Cuando salía del coche, alargó el brazo, me agarró y me dijo muy seriamente:

«Y no se te ocurra volver a llamarme».

¡Que le den!, pensé mientras me marchaba. Pero entonces se apoderó de mí una extraña sensación, algo que solo podría describir diciendo que los monstruos o los demonios que habían secuestrado mi alma estaban sedientos de lo que llevaba en el bolsillo y experimenté una voracidad mayor que nunca antes. Apenas me encontraba a unos metros de la finca y de la seguridad de la cabaña, pero no pude esperar. Me detuve frente a una casa que tenía la luz encendida en la verja de entrada.

Saqué mi enorme cuchara y puse toda la coca que cabía en ella, la cociné brevemente, lo succioné todo con una de mis grandes jeringas tamaño 27G y me inyecté la mitad en el brazo. Pero no lo saboreaba. Para quien no se haya chutado coca antes, y especialmente si esta viene de México, diré que, en cuanto te la metes en el brazo, las encías empiezan a segregar una sustancia con sabor a queroseno o gasolina y a partir de ello puedes calibrar más o menos lo fuerte que te pegará.

Pero esta no sabía a nada. Así que me chuté en el brazo lo que quedaba en la jeringuilla. Antes de que acabara de sacar el émbolo, sentí que el primer chute de cocaína me golpeaba en la cabeza como si me hubieran dado un palazo por detrás. Y ahora quedaban pocos segundos para que el resto hiciera su efecto. En una milésima de segundo recordé que los jamaicanos siempre tenían el material más puro, que entraba a través de Florida y llegaba por la Interestatal. No estaba lavada con gasolina ni queroseno como la coca que llegaba de México y apenas detectabas el sabor cuando te la metías. Pero era fuerte. Fuerte como su puta madre.

Mientras todo esto me rondaba por la cabeza, empecé a oír sirenas. Lo último que recuerdo ver mientras me aferraba el pecho y alzaba la vista aterrorizado fue la luz roja parpadeando de una cámara de seguridad instalada sobre la verja de la casa. Intenté correr, pero las piernas se me doblaron como si fueran de gelatina. Estaban inservibles. Quise tomar aliento, pero no podía respirar. El sudor corría por mi cabeza y mi rostro. Intenté respirar de nuevo, pero no pude. Las sirenas cada vez sonaban más cerca.

Al final, tras una bocanada, conseguí respirar mínimamente. Me levanté con una sola pierna y me di de bruces contra el suelo. Movía desesperadamente las manos y los brazos, las únicas extremidades que parecían funcionarme. No veía nada. Había perdido la visión por completo. Boqueé de nuevo y volvió a entrar algo de aire en mis pulmones. Esta vez conseguí acuclillarme. Notaba un dolor punzante en el pecho. Tenía el cuerpo congelado de la cabeza a los pies. Sabía que estaba a punto de darme un ataque. De alguna forma conseguí tirarme al suelo y empecé a rodar, o más bien a caer, por una colina hacia una zanja. El sonido de las sirenas era ensordecedor y oía los neumáticos de los coches derrapando mientras subían por Winding Way West.

Me cubrí con hojas, ramas y todo lo que tuviera al alcance de mis manos. Seguía sin poder ver nada. Me enterré bajo la tierra con hojas viejas y palos podridos, y después me quedé inmóvil cuando oí que los coches de la policía se detenían y aparcaban.

Permanecí allí durante horas, ciego y paralizado. Debieron de pasar junto a mí unas veinte veces. En varias ocasiones sentí incluso el peso de sus pisadas a medida que las hojas y ramas crujían bajo sus pies. Me sentía como si tuviera un elefante sentado sobre el pecho. Noté los bichos que reptaban sobre mí: babosas, hormigas y ciempiés. Me subían por los brazos. Se paseaban por mi cara. Por el interior de mis oídos. Dentro de mi nariz. Estaba pudriéndome, igual que esas hojas y ramas. Estaba en proceso de descomposición, era una bola de podredumbre. Los bichos y la tierra tomaban posiciones para consumirme. Y les dejé hacer. No me atrevía a moverme. No tenía derecho a hacerlo. Merecía pudrirme y descomponerme en el suelo, bajo esas hojas podridas. No me quedaba otra alternativa. No tenía ningún lugar al que ir, ni nadie a quien llamar, ninguna persona que pudiera avalar mi comportamiento o responsabilizarse de mi persona. Había quemado todos los puentes que había atravesado. Ni mi propia madre respondía a mis llamadas. Joder, ni siquiera el camello que me vendía la coca respondía a mis llamadas. Cada vez que había tocado fondo anteriormente, había cogido una pala para seguir cavando. Esta vez no me quedaba más tierra que cavar.

Me rendí a mi destino y me dejé absorber por el polvo y la suciedad. Todo había acabado. Estaba muerto.

Cierta calma y quietud se apoderaron de mí. Mi respiración se equilibró y volvió a la normalidad. Oí un ruido familiar al que hacía décadas que no le prestaba atención. Era el sonido de los pájaros al despertar. Uno a uno, lento pero seguro, su canto quedo y hermoso se convirtió en una sinfonía.

Empecé a rezar, pidiéndole a Dios que me perdonara. El canto de los pájaros hizo que una brizna de esperanza penetrara en mi alma. Si pudiera volver a ver, si pudiera caminar de nuevo, cambiaría. Recé con mayor intensidad y los pájaros cantaron cada vez con más fuerza y noté que empezaba a amanecer.

«Por favor, Señor, por favor. No quiero hacer esto nunca más. No puedo volver a hacerlo. Por favor, permíteme recuperar la visión, te lo ruego, permíteme volver a caminar, por favor no dejes que vuelva a la cárcel. Juro que no volveré a beber ni a colocarme nunca más. Por favor, déjame salir de esta, permíteme ver de nuevo, permíteme volver a caminar y no volveré a hacerlo jamás en la vida.»

Esta vez lo decía con convencimiento. No podía seguir así. No estaba hecho para continuar llevando esa existencia a la que ni siquiera podía llamar «vida». Prefería morir en aquella zanja a tener que seguir existiendo de tal forma.

Recuperé un tanto la visión, pero mínimamente y de manera paulatina. Quise comprobar si me funcionaban las piernas. Se movían, pero no por completo. Me incorporé y me quité de encima las hojas, la tierra y los bichos. Con la visión borrosa y las piernas renqueantes, hice el resto del camino hasta la cabaña, la mitad a pie y la mitad a rastras. Dormí durante un día y medio. Cuando desperté a media tarde del día siguiente, fui a la casa para preguntarles si podía usar el teléfono. Curiosamente, la familia apenas se sorprendió de tenerme por allí. No era la primera vez que llegaba dando tumbos hasta esa cabaña en muy mal estado, así que estaban prevenidos.

Llamé a Jerry, el propietario de The Telesis Foundation, porque ahora también tenía otro centro con más clase en Malibú al que llamaba Malibu Ranch.

Le supliqué:

«Por favor, ¿puedo internarme en tu clínica?»

«Ni de broma —respondió—. No, si sigues teniendo el mismo aspecto que la última vez que te vi. No puedo aceptarte en mi clínica.»

Lloré y supliqué:

«No —replicó—. Lo siento.»

Después lo intenté con Penny.

«Por favor, ¿puedo ir a tu casa? Nunca más. Juro por Dios que lo dejo. No volveré a colocarme más, lo juro por Dios. Por favor, déjame ir a tu casa, quedarme un mes y conseguir un trabajo.»

«No, no puedo —respondió. Creí que colgaría el teléfono, pero después volví a oír su voz—. Pero llamaré a Bob Forrest de tu parte.»

«A quien quieras —dije—. Lo que sea, por favor.»

Llamó a Bob Forrest, que trabajaba para una obra benéfica llamada MAP (Musicians Assistance Program). Se trataba de un programa de resinserción para cualquiera que trabajara en el mundo de la música y necesitara ayuda con las adicciones. En mi caso, más bien se llamaría Programa de Ayuda para Músicos Fracasados.

Bob tuvo la gentileza de aceptar y lo llamé para que me diera la dirección.

«Sí, tú consigue llegar hasta aquí y cuidaremos de ti, colega. No te preocupes.»

Me eché a llorar.

«No tengo dinero. No tengo familia.»

«Tú ven aquí —dijo—. Nosotros te cuidaremos.»

Me duché en la casa y pedí algo de ropa prestada a una de las chicas mayores: unos tejanos, pantalones de deporte, sandalias, un par de camisetas de bandas de rock y una buena sudadera holgada, cómoda y calentita. Cuando llegué a MAP, los efectos del mono causaban estragos en mi cuerpo. Tenía una entrevista con el director, un viejo músico de jazz famoso y extoxicómano llamado Buddy Arnold. Lo suyo fue odio a primera vista; quizá se debía a mi pelo teñido de rubio, o más bien lo que quedaba de él.

«Ni en sueños —dijo de entrada—. No hay nada que podamos hacer. No has publicado ningún disco.»

Bob no dejaba de decir:

«Vamos, Buddy, tenemos que ayudarle. Tenemos que ayudarle».

Buddy me repitió cuatro o cinco veces más que saliera de su despacho.

«No tengo ningún otro sitio al que ir —supliqué, sollozando—. Por favor, por favor, ayudadme.»

Al final, solo para que cerrara el pico, dijo:

«De acuerdo, está bien. Te ayudaré, y sé que me arrepentiré de ello».

Bob me llevó al Pasadena Recovery Center. Era el 15 de junio de 2003. En cuanto llegué me dieron unas pastillas y dormí durante tres días seguidos. Al despertar, me encontré solo en la habitación. Sabía perfectamente dónde me encontraba y qué era lo que estaba sucediendo. Las lágrimas volvieron a surcar mi rostro. Cerré la puerta de la habitación, me arrodillé junto a la cama, entrelacé mis manos y me puse a rezar.

«Tú, seas lo que seas, si estás ahí, sácame de este infierno, por favor.»

Jamás en la vida olvidaré aquellas palabras. Sentí como si levitara. Todavía notaba las náuseas y el cansancio, pero sentía cierta levedad en mi cuerpo. Le pedí ayuda a Dios y él respondió inmediatamente proporcionándome una sensación arrolladora que decía: «Saldrás adelante».

No vi ninguna zarza ardiente ni acudieron ángeles desde el cielo a enjugarme el sudor de la frente. No necesitaba nada de eso. Lo único que necesitaba era la sensación de liviandad, sentir que había un Dios y que se encargaría de cuidarme.

Cuando salí finalmente de mi habitación me crucé con el psiquiatra, que tenía todo un tratamiento preparado para mí. Querían administrarme Lexapro, Wellbutrin, Trazodone y Seroquel. Había probado todos esos medicamentos en alguno de mis breves períodos de abstinencia de las drogas y el alcohol y sabía lo efectivos que eran.

«No —dije—. Esta vez no. No quiero tomar nada.»

«¿Estás seguro? —preguntó el médico—. Porque los efectos del síndrome te durarán un tiempo.»

«No me importa. No quiero nada.»

Incluso me ofrecieron Clonidina, ese parche antihipertensivo que me dio el doctor Waldman, cuando me colé en Exodus, cuando sufrí mi primer síndrome de abstinencia verdadero.

«No —dije—. No quiero medicación. No quiero antidepresivos. Quiero enfrentarme a esto de una vez por todas.»

El 18 de junio de 2003 fue el último día que tomé cualquier tipo de drogas o alcohol. Las dos semanas y media siguientes fueron las más duras de mi vida. No conciliaba el sueño. Me quedaba dormido durante unos veinte minutos de vez en cuando solo para sufrir pesadillas y alucinaciones. Estaba lleno de pústulas. Mi piel adquirió tonalidades de verde y amarillo que jamás había visto en un ser humano. Pasé varios días expulsando una bilis amarilla brillante por ambos orificios. Cada vez que intentaba comer vomitaba. Sentía hormigueos en la piel, me dolían los huesos, parecía que tuviera cien años y nada tenía visos de mejorar. Aquello era un puto infierno.

Pero incluso viviendo en esas condiciones me sentía mejor que dos semanas atrás. Bebía litros de café y fumaba sin parar. Compartí muchas de mis historias de terror sobre la bebida y la drogadicción, pero nadie se ofendía ni le parecía insultante. De hecho, reían. Reían de verdad. Y yo con ellos. Cuanto más aterradoras o asquerosas eran las historias, más reíamos todos. Una risa profunda, de esas que hacen que te acabe doliendo el estómago. Hacía años que no reía de ese modo y me sentó muy bien.

7

Conforme se acercaba el final de mi período de treinta días en Pasadena Recovery Center me vi obligado a reflexionar sobre cuál sería mi siguiente destino. Sabía que, si regresaba a Malibú, si volvía a vivir en aquella cabaña y me relacionaba con mis antiguos amigos, que todavía seguían colocándose, volvería a caer de cabeza en el abismo. Jamás había pensado que me vería en esa situación, no quería salir de la clínica de desintoxicación. No creía en Alcohólicos Anónimos, ni en Narcóticos Anónimos, pero me encantaba tener un techo bajo el que cobijarme, una cama para dormir y alimentos que comer. Y, sobre todo, me encantaba poder sentirme a salvo por primera vez desde hacía muchísimo tiempo. Así que ideé un plan.

Cuando Bob Forrest apareció por allí al día siguiente le conté mi brillante idea. Permanecería allí, sin más. Había aprendido a barrer, fregar y limpiar bien, porque nos obligaban a hacer nuestras tareas. Al principio lo odiaba a muerte, pero al cabo de un tiempo empecé a encontrar gran consuelo en ello. Me sentaba bien. Cuando lo miro en retrospectiva creo que empezaba a limpiar un poco mi alma por dentro y Dios sabe lo sucia que estaba. Le pregunté a Bob si podría quedarme en Pasadena Recovery Center y trabajar como conserje a cambio de la manutención.

Rompió a reír a carcajadas.

«No, colega. Voy a pedirle a MAP que te pongan en un centro tutelado.»

«¿Una casa de acogida o algo parecido? —pregunté, sin intentar siquiera disimular el desagrado que me causaba—. Eso es para putos perdedores.»

Rio más incluso.

«Bueno, puede que tengas razón, y por eso mismo vas a ir.»

Bob y yo dimos una larga vuelta en coche esa tarde. Me llevó a Starbucks y me invitó a un «*venti* Frappuccino». Estaba tan puesto de azúcar y cafeína que me pasé todo el trayecto de vuelta hablando sin parar. Bob no tenía oportunidad de decir palabra. No presté atención hacia dónde nos dirigíamos. La furgoneta se detuvo abruptamente y Bob dijo:

«Vamos, hombre. Bájate. Voy a mostrarte tu centro tutelado».

¿De qué coño está hablando? Nos encontrábamos en una especie de parque rodeado de colinas por todas partes. Permanecí hablando mientras seguía los pasos de Bob, sin prestar atención más que a mí mismo. Ahora que lo pienso me parece muy descabellado que no me percatara de dónde me encontraba. Bob se detuvo de repente y señaló el suelo.

«Aquí lo tienes, colega —dijo con esa vieja voz nasal que tenía—. Este será tu centro tutelado.»

Bajé la vista y vi una lápida en la que ponía: Hillel Slovak 1962-1988.

«¿Quién es?», pregunté.

«Este era mi mejor amigo y él tampoco quería entrar en un centro tutelado. Tenía cuanto tú afirmas querer: dinero, fama, una carrera en el mundo de la música, chicas… Y aquí fue donde acabó. En un puto cementerio. Y aquí es donde acabarás tú si no entras en un centro tutelado.»

Regresamos a la furgoneta sin mediar palabra. Al final, dije:

«De acuerdo. Iré a un centro tutelado».

Bob permaneció en silencio.

«Iré a Genesis House, ¿verdad?»

Genesis House era la casa de acogida para toxicómanos especial a la que iban todos los músicos de verdad.

«No —respondió Bob enfadado—. No irás a Genesis House. Irás donde yo te diga.»

Era la primera vez que veía a Bob enojado.

Él ya había encontrado justo lo que yo necesitaba. Se llamaba New Perceptions. Un centro de acogida regentado por negros en lo más recóndito de San Fernando Valley. Era propiedad de una mujer llamada Thelma y de su hermano Will. Ambos habían crecido en la zona South Central de Los Ángeles.

Llené el formulario de inscripción en el programa con Thelma, que me recordó al personaje Oráculo, de *Matrix*. Llevaba décadas sobria y tenía un aura de sabiduría sosegada. Me presentó a Will, y mientras hablábamos no pude evitar fijarme en una extraña cicatriz que tenía en el cuello y preguntarme cómo se la habría hecho.

Al final, dijo:

«Estás mirándome el cuello, ¿verdad?»

«¿Qué? No, no no. Solo estaba, bueno, sí.»

«Un tipo me disparó», dijo señalando la cicatriz.

«¿Te dispararon en el cuello?»

«Sí.»

No pude evitar preguntarle:

«¿Qué hiciste para que te pegaran un tiro en el cuello?»

«Ah, pues disparé a otros tipos y luego ellos me dispararon a mí.»

Incluso después de todo lo que había pasado, pensé: *¿Qué carajo? ¿Cómo he podido acabar aquí?*

Tenía ganas de colocarme todo el día, todos los días, pero no lo hice. En lugar de eso, dediqué mi tiempo a sudar, fumar un cigarrillo tras otro y beber el café más malo del mundo. MAP nos entregaba a cada uno cuarenta dólares a la semana para nuestros gastos, y lo primero que hacía era asegurarme de que tenía tabaco suficiente para toda la semana. Una vez dispuesto esto, gastaba el resto en fideos de *ramen* y en una caja grande de pasta y salsa de tomate.

Así vivíamos yo y los demás pacientes. Soportábamos el día a día con un humor negro e irreverente. No había límites; nada era sagrado. Y cuanto más inapropiada era la broma más reíamos. Los otros chicos se reían de mí por ser mezcla de árabe y polaca, después nos burlábamos del chico judío y más tarde del de raza negra, hasta que todos habían recibido lo suyo.

Cada tanto se hacía un silencio espectral entre nosotros y alguno decía: «Joder, colega. Qué ganas tengo de meterme algo». Y después todos reíamos a carcajadas, porque estábamos pensando exactamente lo mismo que él. Pero nadie se colocaba. Bob había seleccionado los peores casos, aquellos tipos que no tenían ni la más mínima posibilidad de conseguirlo. Nos encerró a todos en una misma casa y por algún motivo acabó funcionando. Estábamos contentísimos de seguir con vida.

Cuando me quedaba solo tenía que bregar con eso. Estar vivo. No debería haber sobrevivido a las situaciones y lugares a los que me había expuesto. La mayoría no lo hace. ¿Por qué yo sí? Es obvio que no tiene nada que ver con ser más duro o más fuerte, porque creedme si os digo que hubo muchísimos tipos más duros y resistentes que yo que se quedaron por el camino. Murió gente mucho más inteligente y amable, mejores personas. Y no sé cuál es el motivo. Todavía hoy sigo sin saberlo. Aún tengo que lidiar, a veces, con la culpa y la confusión que me provoca.

El centro tutelado nos obligaba a asistir a dos reuniones de desintoxicación al día. Las odiaba a muerte, pero iba. De lo contrario me expulsarían del programa y no quería decepcionar a Bob Forrest. Así que asistía a ellas, por lo general con un tipo al que llamaban Frank Violence. Siempre nos burlábamos de él por su nombre, porque la única ocasión en la que se había peleado realmente había sido con su novia, antes de que lo metieran en la cárcel y llegara al centro de reinserción, y ganó ella. Le acuchilló la cara con las llaves del coche, le propinó una paliza soberbia y lo dejó por muerto en una cabina de teléfonos.

Yo iba a las reuniones, pero no entraba a ellas. Me quedaba fuera fumando todo el tiempo, mientras intentaba ligar con chicas que hacían lo mismo que yo. La primera reunión a la que realmente entré fue en la calle Tercera con Gardner, y, para ser sincero, solo lo hice porque vi al cantante de una banda que me encantaba y a un montón de chicas guapas. Así que me mantuve sobrio por la gracia de Dios, pero llegué a los programas de doce pasos gracias a mi ego y a mis hormonas.

Las reuniones empezaron a surtir un efecto positivo en mí. Cuanto más asistía a ellas, mejor me sentía. Al final empecé a escuchar, a prestar atención, y recibía pequeñas perlas de sabiduría que me ayudaban a soportar la semana. Seguía teniendo ganas de colocarme y odiaba dormir en una misma habitación con otros tres tipos que roncaban, eructaban y se tiraban pedos toda la noche, pero era muchísimo mejor que vivir en las calles.

Entonces, alguien me llevó a hacer mi primer análisis clínico del sida.

Llevaba tres meses sobrio. Uno de los supervisores del centro de Thelma y Will era un chico con tatuajes por todo el cuerpo, incluso le asomaban por el cuello. El tipo daba miedo. Me llevaba en coche a una reunión de los doce pasos un miércoles cuando me preguntó:

«¿Te has hecho alguna vez las pruebas?»

Se me cortó la respiración y empecé a revolverme en mi asiento. Nunca me las había hecho, ni siquiera después de compartir jeringuilla con un enfermo de sida.

«Sí —mentí—. Sí, por supuesto.»

«Y ¿estás limpio?»

«Sí, sí. Nada.»

«¿Ni siquiera hepatitis C?», me preguntó.

«No.»

La triste verdad era que mi aspecto era como el de alguien con hepatitis C, sida y Dios sabe qué más. Estaba terriblemente delgado, deshidratado de beber tanto café y fumar cigarrillos, malnutrido por comer solo *ramen* y espaguetis con salsa de tomate barata y con la cara cubierta de manchas extrañas. Me preguntaban todo el tiempo si estaba bien, si no me encontraba mal.

Condujo en silencio durante unos cuantos kilómetros, hasta que me preguntó:

«¿Quieres que te hagan las pruebas de nuevo?»

«No, no —contesté—. No hace falta.»

«¿Cuándo fue la última vez que te hiciste las pruebas?»

«Me las hicieron en el centro de desintoxicación», respondí. Más mentiras.

«Bueno, no sé si sabes que tienes que hacértelas cada seis meses. Hay un período de incubación.»

Mierda.

«De acuerdo —dije—. Pues volveré a hacérmelas en cuanto tenga oportunidad.»

De improviso entró en una zona de aparcamientos. No habíamos llegado al centro donde se celebraba la reunión.

«¿Qué haces?»

«Puedes hacerte las pruebas aquí mismo.»

«Ah. Sí, pero no tengo dinero para pagarlo.»

«Es gratis.»

Se trataba del Tarzana Treatment Center. Tenían una unidad móvil dos veces a la semana, los miércoles y los viernes, que ofrecía las pruebas de manera gratuita. De nuevo, mi orgullo pudo conmigo.

«Vamos, hombre —dijo—. Háztelas.»

Asentí y sonreí.

«De acuerdo, guay.»

Me invadió una ola de pánico. Tenía ganas de salir corriendo, pero sabía que eso no serviría de nada. En lo más profundo de mi ser sentía que había contraído algo horrible debido a todas las cosas que había hecho. Empezaron a rondar por mi cabeza imágenes de las numerosas veces que me había chutado demasiada coca o heroína intencionadamente con la esperanza secreta de morir de una manera indolora antes de que mi cuerpo se descompusiera.

Entré en un camión. Una enfermera me sacó sangre y me preguntó si había compartido jeringuillas, si había tenido sexo anal, todo ese tipo de porquerías. Tomó notas y después hizo cosas raras con la sangre que me había extraído. Mientras esperaba allí sentado, intentaba prepararme para las malas noticias. ¿Qué enfermedad tendría? ¿Ambas?

Entonces, la enfermera me dijo que los resultados tardarían una semana en saberse.

Joder, ¿una semana? ¿Cómo se suponía que tenía que aguantar toda una semana con esa mierda pendiendo sobre mi cabeza? Durante los siguientes seis días, no pude comer. No podía dormir. Fumaba tanto que más me habría valido comerme los cigarrillos.

El miércoles por la mañana llegó como un invitado no deseado. La unidad móvil no abriría hasta las tres de la tarde y el trayecto hasta allí se cernía sobre mí amenazadoramente durante todo el día. Alrededor de la una y media de la tarde me tumbé en la cama e intenté obligarme a relajarme. Me quedé dormido.

Cuando desperté ya era de noche. Salté de la cama y corrí por toda la casa intentando que alguien me llevara a la clínica. Demasiado tarde. Nadie podía acompañarme y de todas formas ya habían cerrado. Me había quedado sin saber los resultados. Tendría que esperar dos días más. Dos días más viviendo en el infierno.

Finalmente, llegó el viernes y me llevaron a la clínica. El técnico del laboratorio que me atendía actuaba como si no pasara nada y eso me destrozó los nervios más incluso. Solo quería saber lo que tenía, de qué forma moriría, y a este tipo le importaba un carajo. Temblaba, sudaba y no paraba de patear el suelo nerviosamente.

El técnico detuvo lo que estaba haciendo y se quedó observándome durante unos segundos.

«Eh, colega, deberías pensar en desintoxicarte.»

«¿Qué?»

Estaba tan alterado que me pareció que no lo había oído bien.

«Deberías dejar de consumir drogas. Deberías desintoxicarte.»

«¿De qué coño estás hablando? Llevo limpio tres meses y medio.»

Me miró con suspicacia.

«¿Estás limpio y no te has metido nada?»

«Sí, no me he metido una puta mierda, ¿por qué?»

«Bueno…, tienes muy mala pinta.»

«Gracias.»

«¿Por qué estás temblando?»

«¡Estoy esperando a que me des los putos resultados!»

Se reclinó en la silla y respondió:

«Ah, no tienes nada. Si tuvieras algo grave te lo habríamos dicho.»

Me derrumbé en el suelo. Me hice un ovillo hasta quedar en posición fetal y lloré como un niño. El técnico se acercó y me ayudó a volver a la silla.

«Lo siento. No tendría que haberte dicho que tienes muy mal aspecto.»

«No, no, no. No me importa. Sé que tengo muy mala pinta. No me importa. Dios mío, no tengo sida. ¡No tengo sida! No tengo… Un momento ¿y la hepatitis C?»

«Ah, esa prueba no la hemos hecho. Hay que hacer un análisis separado para verlo.»

Por supuesto. Pero llegados a ese punto ni siquiera me importaba. Pensé: *Pues que tenga la hepatitis C, mientras no tenga el sida. Me da igual.*

Estaba muy contento por no tener que pudrirme en una cama de hospital.

Permanecí en el centro tutelado durante varios meses, lo cual probablemente me salvó la vida. Cuando se acabó el dinero de MAP, hice una ronda de llamadas para ver si alguien tenía un sitio en el que pudiera quedarme. No hubo suerte, pero no permití que eso me desanimara. Tenía muchas ganas de salir del centro tutelado y recuperar mi libertad. Acabé quedándome con Baron, un motero gigantón. Accedió a que viviera con él a condición de que me mantuviera sobrio, asistiera a dos reuniones al día, hiciera las tareas de casa y consiguiera un mentor.

¿No querías libertad? Pues ahí tienes. Resultó que vivir con Baron era más duro que hacerlo en el centro tutelado. Se había desenganchado hacía dos años y era absolutamente minucioso con el proceso de recuperación.

Hice todo lo que me pedía. Conseguí un mentor, Robbie, que me trataba de maravilla. Me compró un teléfono móvil, además del primer par de zapatos nuevos que tenía desde hacía años, y con su ayuda empecé el programa de los doce pasos. Me enteré de que todos los adictos suelen drogarse por una razón en particular. Puede tratarse de su padre, un tío que abusaba de ellos o simplemente una infancia horrible en general. Los alcohólicos y los drogadictos son personas enfermas, así que buscan consuelo en la bebida y las drogas.

Mi historia personal era el abandono. Mi madre me había abandonado cuando era niño. No me protegió cuando más la necesitaba. Mi novia Kim rompió conmigo en la escuela primaria sin razón aparente. Mi novia Kori se cambió de instituto. La otra novia que había tenido en esa época, Jaimie, cortó conmigo y se mudó a otro lugar. Claudia me abandonó. Anna me abandonó. Y ¿qué pasó con Jennifer, mi última novia y compañera de adicciones que jamás me abandonaría? Desapareció del mapa.

Robbie me pidió que apuntara los nombres de todas las personas que me habían abandonado y que describiera cómo eran nuestras relaciones. Sentía un dolor insufrible al recordar qué poco digno de amor era y cómo todas esas personas que decían quererme y prometieron no abandonarme siempre me dejaban solo. Yo, yo, yo. No hacía más que compadecerme de mí mismo. Robbie leyó la lista una vez que la hube acabado.

«Bueno, ¿qué papel desempeñaste tú en todo esto?», me preguntó.

«¿Qué papel? Ninguno. Me abandonaron, joder.»

«Pero ¿qué hiciste tú? ¿Cómo contribuiste a ello?»

«Yo no contribuí a nada, hombre —dije—. Mi madre me abandonó, así que atraje a mi vida a chicas que me abandonaban, eso es todo.»

«Entonces, ¿tú no tuviste nada que ver?»

«¡No, no tuve nada que ver, joder!», grité.

Robbie sonrió.

«¿Alguna vez les gritaste?»

«¿Si les grité? —Me quedé pensando en ello—. Sí, claro que les grité.»

«¿Alguna vez las insultaste?»

«Sí, joder. Las insulté.»

Asintió.

«¿Alguna vez las golpeaste?»

«No —dije—. Bueno, en serio no. A veces nos peleábamos, pero, vamos, que nunca les di un puñetazo.»

«Eso no es lo que te estoy preguntando —dijo Robbie—. ¿Las golpeaste alguna vez? ¿Algún empujón?»

«Sí, es probable que les diera algún empujón.»

«¿A todas ellas?», preguntó.

«Joder, yo qué sé. Sí, cuando discutíamos las empujaba. Sí, puede que abofeteara a alguna de ellas una o dos veces.»

«¿En serio?»

«Sí, ¿por qué?»

«Solo pregunto. Anótalo. ¿Alguna vez las engañaste con otras?»

«Sí, pues claro que las engañé. A todas.»

Robbie parecía escandalizado.

«¿A todas?»

«Sí, ¿por qué? ¿Te sorprende? Eso es lo que hacen todos los hombres.»

«Ah, ¿sí?»

«Sí —respondí—. Los hombres engañan a las mujeres. Eso es lo que hacen, joder. Los hombres son infieles. Todos lo son.»

«¿Entonces, conoces a todos los hombres? ¿Conoces a los tres mil millones de hombres que hay en el planeta?»

«Colega, conozco suficientes putos hombres como para saber lo que hacen. Los tíos siempre ponen los cuernos.»

Robbie se inclinó para acercarse a mí.

«Khalil, tengo que decirte una cosa y necesito que me escuches de verdad.»

«Claro. ¿De qué se trata?»

Dio un golpecito sobre la lista.

«Estas chicas no te abandonaron.»

«Y una mierda, que no me abandonaron», protesté.

Negó con la cabeza.

«No te abandonaron. Escaparon de ti. —Me quedé mudo. Robbie continuó—. Cuando quieres a alguien como tú dices que querías a esas chicas, y no entraré en si es cierto o no, pero, cuando quieres a alguien, no lo engañas, no le gritas, no lo insultas, no lo empujas ni lo abofeteas. Maltrataste a todas estas chicas hasta tal punto que no pudieron aguantarlo más y escaparon. Hazme un favor. En el futuro, cuando sientas que alguna chica te importa de verdad, no hagas esas cosas. No le grites, no la insultes, no la engañes.»

Me quedé desarmado y rompí a llorar. Lloré por todas las cosas horribles que había hecho a personas a las que quería. Lloraba porque ahora lo veía todo claro. De niño creía que todos tenían una vida perfecta menos yo. Yo buscaba esa perfección en mi relación con las mujeres, pero en cuanto sentía la más leve incomodidad me saboteaba a mí mismo, porque no sabía cómo poner fin a las cosas con dignidad y gracia. Siempre huía. Mi vida se reducía a eso. Y, en realidad, estaba huyendo de mi propia sombra.

Percatarme de aquello supuso un punto decisivo muy poderoso en mi vida. Sentía que el peso de mi depresión y ansiedad se aliviaba. Gracias, Robbie.

Poco después, llamé a mi madre y empecé a hacerle preguntas sobre su pasado. No tenía ni idea acerca de los campos de trabajos forzados y las cosas por las que tuvo que pasar durante la guerra. No compartió mucho conmigo, solo fragmentos y anécdotas, pero bastaba para darme cuenta de que esa mujer había hecho cuanto pudo dadas sus propias circunstancias: una vida traumatizada, ese monstruo violento que tenía por marido, y yo, un hijo que era como un grano en el culo. Mi madre no era culpable de que hubiera acabado siendo un yonqui sintecho. El único culpable era yo.

Mi mundo empezaba a desenmarañarse.

Robbie me pagó una inscripción en el gimnasio Spectrum de Pacific Palisades y empecé a ejercitarme con bastante regularidad. Al principio era insufrible, pero me obligué a ir cada día. Tenían una sauna que estaba la hostia de caliente y empecé a tomarle gusto. Me metía en la sauna cada día por intervalos de quince a veinte minutos, tras los cuales me daba una ducha helada. Me obsesioné con ello. Pasaba dos horas al día realizando esta rutina. Uno del gimnasio me preguntó si había probado la Niacina. Le dije que no y salí de inmediato al herbolario a comprarla. La primera vez que la probé tomé doscientos miligramos y me faltó poco para acabar en Urgencias. No sabía que había que ir aumentando la dosis poco a poco.

Compré un cepillo de cerdas de jabalí. Al principio dolía terriblemente, sobre todo combinado con los picores y rojeces que provocaba la Niacina, pero veía cómo mi aspecto mejoraba literalmente y rejuvenecía a cada día que pasaba. El proceso de limpieza en su conjunto me parecía algo profundamente catártico y meditativo. Cuando me restregaba la piel desnuda con esas recias cerdas de jabalí, no limpiaba solamente la piel muerta o drenaba mi sistema linfático, también fregaba mi alma. Quería quemarlo todo, restregarlo, vaciar toda la suciedad y el pecado que había ido acumulando.

Conocí a una chica preciosa que enseñaba pilates y acabé pidiéndole una cita. Para mi gran sorpresa, todo salió estupendamente bien. Fui abierto con ella y sincero respecto a mi pasado. No es de extrañar que me dijera que no se sentiría cómoda acostándose conmigo hasta que me hiciera pruebas de todo.

«De todo... Mierda.»

Supuse que aquel sería el momento en que averiguaba que tenía hepatitis C, se lo contaba y ella me dejaba. Fui a casa y le conté a Robbie mi dilema. Estaba muy nervioso y quería hacerme las pruebas de inmediato sin tener que esperar a los resultados. Ya lo había hecho una vez y había sido un infierno.

«Tómatelo con calma —dijo Robbie—. No necesitas esperar una semana.»

Robbie tenía un buen amigo que era productor de películas porno en San Fernando Valley. Lo llamamos y me dio el nombre de una clínica.

«Pásate por allí y les dices que trabajas para mí. Diles que eres una nueva estrella del porno y tienes que rodar una película. Inventa un pseudónimo de actor porno. Te darán los resultados en veinticuatro horas. Fácil.»

«Pero ¿es posible eso?»

«Sí, es la prueba más fiable que puedas encontrar. Hacen pruebas de ADN. Pueden ver si tienes hepatitis C, o el VIH, aunque se encuentre en proceso de incubación.»

La clínica estaba situada en la calle Ventura Boulevard de San Fernando Valley. No resultó exactamente como él me había dicho. No podía entrar allí simplemente, decirles que iba a hacer una película porno y que necesitaba que me hicieran la prueba. Este sitio era una organización benéfica para personas que trabajaban en el cine pornográfico y fue fundado por ciertas mujeres hermosas que habían contraído el VIH sin saberlo a través de su trabajo. Había que pasar por un largo proceso previamente y me hicieron un montón de preguntas:

«¿Para qué productor trabajas?»

«¿Cómo se llama la película?»

«¿Es una película gay, hetero o bisexual?»

«¿Harás escenas con sexo anal?»

Estuve sentado allí durante tres horas junto a todos esos hombres y mujeres jóvenes que estaban realmente a punto de hacer una película porno. Vimos videos sobre enemas, heces, fluidos seminales y cómo eran los virus del sida y la hepatitis C. Fue algo surrealista.

El amigo de Robbie acertó en una cosa. Recibí los resultados al día siguiente. No tenía hepatitis C y quedó garantizado completamente que tampoco había contraido el sida, ya que había pasado el período de incubación.

Salí con la instructora de pilates y le mostré los resultados. Estaba muy contento. Por estar limpio y también por otras razones... que seguro podréis imaginar.

Estaba sentado en el Marmalade Café de Malibú tras nueve meses sobrio cuando recibí una llamada de mi madre. Sonaba increíblemente desconsolada. Acababa de salir de la consulta del médico y le habían dicho que tenía cáncer. Me sentó como un jarro de agua fría.

Me mataba no tener el dinero para ir a casa a visitarla o ayudarla con las facturas del médico. Tenía sesenta y seis años, estaba sola y seguía trabajando como auxiliar de clínica en el Hospital de Toledo. Vivía al día en un diminuto apartamento de Kenwood Gardens, que estaba a un paso de una barriada de viviendas sociales.

En cuanto colgué el teléfono, tomé una decisión: tenía que ganar dinero. Sería capaz de cuidar de mi madre. Ese era mi único objetivo. Había arrojado mi vida por la borda y seguramente no merecía ganar dinero, pero nada podría evitar que cuidara de mi madre.

Continué asistiendo a las reuniones del programa de los doces pasos y cada vez apreciaba más el amor incondicional y el apoyo que proporcionaban. ¿En qué otro lugar podrías entrar, alzar la mano y decir: «Aquella vez me había quedado sin coca, así que compré crack y lo corté con zumo de limón para chutarme en el cuello», y que un montón de desconocidos te aplaudieran, te dieran abrazos y te invitaran a cenar? Al final, incluso empecé a aprovechar los consejos y la sabiduría que ofrecían esas reuniones, entre ellos el de tener la humildad para decirle a la gente que necesitaba un trabajo. No me importaba de qué se tratara. Lo haría.

Conocí a una pareja de homosexuales muy amables, Chris y Glen, y me pagaban por limpiar su casa. Otra persona me sugirió que contactara con una mujer llamada Sherman, que tenía un salón de belleza para perros. Me daba veinte dólares al día por lavar perros y estrujarles las glándulas anales. Yo ni siquiera sabía que las tuvieran, pero al parecer era cierto, y necesitaban que se las apretaran.

Otro me presentó a Daryl Cobb, un manitas y empleado de la construcción, que me llevó a trabajar con él para sacar un tocón de árbol con un pico y una pala. Aquello era brutal. Tardé apenas diez minutos en desmoronarme y echarme a llorar. Daryl era un hombre de una sabiduría y compasión extraordinarias. Me habló largo y tendido sobre su propio proceso de desintoxicación. Llevaba sobrio unos dieciséis o diecisiete años. No podía creerlo. ¿Cómo era posible mantener la sobriedad durante tanto tiempo?

Trabajé durante el resto del día realizando tareas que exigían menos esfuerzo físico. Y, cuando se puso el sol, regresamos en coche a Malibú y me dejó en la puerta del Starbucks. Cuando bajaba de su camioneta, me entregó un billete de cien dólares. Eran mis mayores emolumentos desde que no me drogaba.

Tomé el dinero y me fui directo a Malibu Kitchen a pedir un bocadillo de atún con queso suizo. Todavía veo y huelo ese bocadillo como si lo tuviera ante mí. Se me estaban cayendo los dientes y solo podía morder con una parte de la boca, así que tenía que ser cuidadoso, algo que era todo un reto, ya que se trataba del mejor bocadillo que hubiera comido en la vida. Al aspirar el aroma del atún y del pan recién hecho se me saltaron las lágrimas. Me sentaba genial haber cumplido un día de trabajo honrado y ganarme esa comida. No había pedido limosna para costeármela, ni vendido drogas para obtener dinero con el que comprarla. Tampoco había usado vales de comida. Me la había ganado trabajando. Quería seguir haciendo eso. En aquel momento no me percaté de ello, pero se trataba de un punto decisivo en el que rompía el ciclo de indefensión en el que me había metido.

Cierto día estaba lavando perros en Sherman's cuando un hombre negro alto aparcó un Rolls Royce en la puerta y entró. Yo me puse a hablar con él, dando por sentado en todo momento que debía de tratarse de algún jugador de baloncesto famoso o algo por el estilo. Me hizo un montón de preguntas. Le narré sucintamente por lo que acababa de pasar y que estaba volviendo a recomponer mi vida y necesitaba trabajo. Agarró papel y un bolígrafo, escribió su dirección y número de teléfono en él y me dijo que fuera a verlo a la mañana siguiente.

Tenía una bonita casa, algo que ya suponía, pero cuando me invitó al interior no pude evitar percatarme de que no tenía trofeos de baloncesto en sus estanterías, sino un Óscar. Junto a él había un Emmy o un Tony (no recuerdo cuál) y varios Golden Globe.

«¿Es usted actor?», le pregunté, obviamente confundido.

«Sí, hijo. Me llamo Louis Gossett Jr. y soy actor.»

«¡Caramba! ¡Usted es el tipo de *Oficial y Caballero*!»

«Sí, hijo. Salí en esa película y también en varias otras.»

Y esbozó esa enorme sonrisa de estrella del cine. Me sentí como un completo idiota.

Volvimos al jardín y me presentó a sus perros, dos enormes labradores de color negro: *Kingfish* y *Tar Heel*. No lo sabía todavía, pero esos perros eran mis ángeles. Al principio me daban miedo, a pesar de que se comportaban bastante bien en su presencia. Me mostró dónde tenían la comida y las correas y me dijo que viniera todos los días para darles de comer y pasearlos. Me pagaría quinientos dólares por adelantado por los próximos treinta días.

No podía creerlo. Me costaba creer que fuera a pagarme tanto dinero solo por darle de comer a los perros. Volvió al interior de la casa para tomar su talonario de cheques y en cuanto se cerraron las puertas los perros saltaron sobre mí y me derribaron en cuestión de segundos. Me subyugaron sin esfuerzo alguno. Debían de pesar sesenta kilos cada uno, si no más. Se subieron sobre mí y me lamieron la cara, las orejas, el pelo. En cuanto oyeron la puerta, volvieron a sentarse obedientemente. Me levanté y me puse a quitarme las babas de la cara y el cuello, mientras el señor Gossett soltaba una estruendosa carcajada.

«Ya veo que les has caído bien», dijo antes de darme el cheque y volver a la casa.

Cuando regresé a la mañana siguiente, me oyeron abrir la verja y empezaron a lloriquear y gemir de la excitación. En cuanto se abrieron las puertas, volvieron a tirarme directamente al suelo y empezaron a lamerme la cara, contentísimos de verme. A ellos no les importaba si llevaba perfume, tejanos de diseño o cuándo fue la última vez que me había lavado los dientes. Esta rutina se repitió todos los días. La mayoría de las veces su comportamiento me hacía reír. Alguna que otra vez, no obstante, me sentía tan abrumado por esa muestra de afecto puro que me hacía un ovillo en el suelo y lloraba. Cuando sucedía esto, los perros se esforzaban más si cabe en animarme, lo cual me hacía llorar más.

Cuando comencé con el trabajo estaba en tan mala forma que solo podía llevarlos hasta el final de la calle y volver. Había un arroyo intermitente que separaba la carretera del parque colindante y cuando llovía el arroyo llevaba mucha corriente y formaba una gran poza. En cuanto veían el agua, *Kingfish* y *Tar Heel* echaban a correr a toda velocidad y se sumergían en ella. Después regresaban corriendo, me tiraban al suelo, me salpicaban de agua completamente y volvían a saltar a la poza. Repetían esta escena una y otra vez y no podían mostrarse más felices de hacerlo.

A veces corrían hasta el parque y no me quedaba más remedio que perseguirlos. Al final, mi fortaleza y fondo físico mejoraron, y en lugar de ir jadeando detrás pude correr junto a ellos. Gracias a estos perros empecé a nadar en el mar. Me habían mostrado que no importaba lo que sucediera, que para ser feliz solo hacía falta meterse en el agua. Una forma de entender la vida hermosa y sencilla. Y cada vez que abría esa verja me enseñaban lo que significaba el amor incondicional, un amor que yo necesitaba como agua de mayo.

El señor Gossett me mostraba también ese mismo amor. No necesitaba que yo paseara sus perros. Tenía asistentes y empleados del hogar. Me ofreció ese trabajo simplemente porque quería que yo ganara un dinero honrado y me mantuviera sobrio. Ese amor me devolvió la vida y me hizo seguir adelante día tras día, como también lo hacía el programa de los doce pasos.

A medida que transcurrió el tiempo, mi forma física mejoró lo suficiente para poder hacer senderismo con *Kingfish* y *Tar Heel* en el cañón de Zuma. Me trasladé de casa de Baron para vivir con mi mentor Robbie. En lugar de pagarle alquiler, solo tenía que lavar sus coches y sus perros. Dormía en un ala de la casa que permanecía vacía. Era un sitio tan grande que su esposa ni siquiera sabía que estaba quedándome allí.

Una mujer, Pietra, me contrató para que llevara a sus hijos a hacer *bodyboard* a la playa y me pagaba cuarenta dólares a la hora. Conseguí trabajo en Malibu Ranch Treatment Center haciendo el turno de noche, en gran parte porque mi aspecto era demasiado desarrapado todavía para que me vieran allí durante el día.

Mi típica jornada laboral de dieciocho horas consistía, básicamente, en salir del turno de noche en la clínica a las siete de la mañana para ir a casa del señor Gossett a pasear a los perros y darles de comer. En cuanto acababa, iba a la playa y llevaba a los niños a hacer *bodyboard*. Tras una pequeña siesta en la arena, me daba un baño, me duchaba, me dirigía a Sherman's para lavar perros y después regresaba a casa de Robbie para lavar su coche.

Para mí era muy importante permanecer ocupado. Eso no significaba solo ganar dinero, sino que también me impedía pensar en una recaída y funcionaba bastante bien para mantener a raya la ansiedad y la depresión. Eso cambió cuando conseguí dinero suficiente para trasladarme de casa de Robbie a una pensión. Una vez que me quedé solo, mis viejas neurosis volvieron a manifestarse. Tras todos los sitios en los que había estado y las cosas que había hecho, me acechaba una amenazante paranoia de la que no podía desprenderme. Estaba convencido de que alguien vendría a matarme. Me levantaba quince veces para comprobar que la puerta estaba cerrada con llave. Por la mañana, cuando me despertaba, sacaba toda la comida de la nevera y la inspeccionaba para asegurarme de que nadie la hubiera envenenado durante la noche.

No le conté a nadie esos miedos irracionales, ni siquiera a Robbie. Me obsesioné con la idea de que el FBI estaba tras de mí por las cosas que había hecho, o que alguna estrella del cine quería vengarse porque había salido con su hija y me había drogado con ella.

Robbie me compró un colchón inflable para que no tuviera que seguir durmiendo en el suelo y una noche me desperté con ruido de ratas correteando a mi alrededor.

Cuando encendí la luz no vi nada. Solo una habitación vacía.

Apagué las luces y me eché a dormir de nuevo. Entonces, volví a oírlas, pero esta vez más fuerte. Tenía esas sensaciones grabadas de mi época de sintecho, cuando dormía en los callejones y las ratas reptaban por mi cuerpo. Me entraba un miedo tan paralizante que lo único que hacía era cerrar los ojos con fuerza y hacer como si no pasara nada.

Me levanté de golpe y empecé a dar manotazos y patadas por todas partes, gritando y blasfemando. Salí corriendo de la casa y llamé a Robbie llorando:

«¡Están en el colchón! ¡Están dentro del colchón!»

Condujo hasta allí más rápido de lo que pensé que podría tardar en llegar. Salió del coche con una linterna y entró en la pensión. Miró por todas partes. Al cabo de unos minutos, salió y me miró con una expresión de tristeza enorme. Era una mirada de conmiseración.

«No hay ninguna rata, Khalil.»

«¡Sí, están allí!»

«Ven conmigo —dijo Robbie al tiempo que me acompañaba al interior de la pensión. Yo estaba temblando. Desinfló el colchón y lo enrolló—. ¿Lo ves? No hay ratas.»

«¡No puedo soportarlo más! —grité—. Vienen a por mí. Me están siguiendo. ¡Quieres matarme!»

Robbie me llevó a una silla y escuchó mis gritos y quejas durante unos diez o quince minutos. Yo no paraba de decirle que venían a por mí: la policía, el gobierno, los alienígenas, la estrella de cine lunática con cuya hija había salido. Cuando finalmente lo hube soltado todo, Robbie me dijo con voz muy compasiva y cariñosa:

«Escúchame, tengo una cosa que decirte y no quiero que te ofendas por lo que voy a decir, pero es muy importante que lo entiendas».

Yo seguía llorando. Respiré hondo.

«De acuerdo, ¿qué?»

«Nadie viene a por ti», dijo.

«¿Cómo lo sabes?»

«Khalil, tú escúchame. Nadie te está buscando. Nadie vendrá a matarte. Nadie te persigue para acabar con tu vida.»

«Y eso ¿cómo lo sabes?»

«Porque no eres tan importante —dijo—. Soy del Lower East de Manhattan, colega. Viví allí en los años setenta. Me relacionaba con gente que hacía daño a otra gente. Conocía a sicarios. Trafiqué con drogas. Si hubiera alguien que quiere hacerte daño o matarte ya lo habrían hecho hace tiempo. No lo harían ahora que estás limpio, asistes a las reuniones dos veces al día y tienes un montón de amigos. Te habrían matado cuando eras un don nadie sintecho. Khalil, eso simplemente no es cierto. No eres tan importante.»

Igual que la revelación sobre cómo las mujeres de mi vida habían escapado de mí, noté que tenía lugar un cambio perceptible. La burbuja de paranoia que había creado alrededor de mí mismo quedó despresurizada por sus palabras y por el mero acto de contarle mis miedos. Pero, aun así, acabé volviendo a casa de Robbie. No estaba preparado para estar solo todavía.

Volví a embarcarme en mi jornada de dieciocho horas. Hubo dos herramientas principales que me ayudaron a soportar esos maratones. Una de ellas fue *Todo el año con Emmet Fox*, un libro increíble. Emmet Fox fue un extraordinario líder espiritual muy influyente que murió en 1951. Su libro es una colección de 365 meditaciones, una por cada día del año, y todas las mañanas cuando salía de la clínica leía la entrada correspondiente. Por las mañanas era cuando mi depresión, ansiedad y sentimientos de fatalidad inminente eran más intensos, así que estas afirmaciones diarias suponían un indulto muy agradecido. Me proporcionaban algo en lo que centrarme y en lo que pensar mientras trabajaba durante el día.

La otra herramienta que me ayudó a administrar mi frenético programa era *Hour of Power*, de Tony Robbins. Matthew, un buen amigo mío, me había regalado los CD, y en ellos explicaba la mejor forma de empezar el día. El programa incluía ejercicios de respiración de treinta a sesenta minutos, mantras y una lista de cosas por las cuales mostrar gratitud, todo lo cual era perfecto para el momento de pasear a los perros.

Empezaba cada día con Emmet Fox y *Hour of Power* y después iba introduciendo ejercicios, reuniones, meditación y rezos siempre que podía. Era increíble. Me sentía genial construyendo esos cimientos y sintiendo finalmente algún tipo de conexión espiritual fuerte con aquello que me había creado a mí y a este hermoso planeta.

Y, como guinda del pastel, mi madre me llamó para decirme que el cáncer había remitido. Su seguro médico había pagado el tratamiento. *Gracias a Dios.*

Tras dos años de vida sobria, había conseguido ahorrar unos catorce mil dólares. Trabajaba sin descanso y siempre estaba demasiado ocupado para poder gastar dinero. Catorce mil dólares era una fortuna para alguien como yo. Me partía el lomo cada día para ganar ese dinero y cobraba cada uno de los cheques en cuanto los recibía, lo cual era una especie de pesadilla, porque no podía abrir una cuenta corriente y mucho menos conseguir una tarjeta de crédito, así que tenía que conducir hasta sitios donde liquidaban cheques en lo más profundo del Valle o en Santa Mónica, un infierno peor que toda la mierda que tuve que soportar anteriormente, incluido el mono.

Guardaba todo el dinero en billetes de cien enrollados en gomillas que ocultaba bajo el fregadero. En breve, cambié mi rutina de empezar el día levantándome y leyendo a Emmet Fox o rezando por la de sacar el dinero y recontarlo cada mañana. Me obsesioné con ello. Empecé a fantasear con tener más, mucho más dinero. Pensaba en todo lo que podría comprar y lo bien que me sentiría al hacerlo. Sobre todo, imaginaba el tipo de coche que compraría. Por el momento conducía un Volvo de 1987 con más de trescientos mil kilómetros en el contador, un cenicero con ruedas, básicamente.

Cada vez me consumía más la idea de ganar dinero, y empecé a pensar en todas las formas de hacerme rico rápidamente. Vivir en Malibú era extraño, porque todos los que me rodeaban eran asquerosamente ricos, o cuanto menos sus padres. Todos mis amigos conducían Escalade y Range Rover, todo ello pagado por papá y mamá. Los quería, pero al mismo tiempo estaba muy celoso de ellos. Me corroía por dentro.

Estaba a punto de ganar dinero, un montón de pasta, y rápido. O, al menos, eso creía yo.

En las reuniones del programa de los doce pasos conocí a Daniel. Sus padres y sus abuelos estaban forrados de dinero y heredó millones de dólares tras la muerte de su padre. Era un tipo muy atractivo y carismático, lo cual daba bastante rabia, pero me caía bien. Cuando salió de la clínica de desintoxicación, me pidió que fuera su mentor, así que pasábamos mucho tiempo juntos. En una de nuestras charlas me contó que estaba invirtiendo en el mercado de opciones y futuros de metales preciosos y que estaba ganando montones de dinero. Había invertido 40.000 dólares que se transformaron en 800.000 en menos de noventa días.

Yo estaba fascinado y ansiaba saber más, así que pregunté a otras personas acerca de este asunto. Todos ellos, sin excepción, me dijeron: «No inviertas en futuros ni en opciones. Todo el mundo pierde dinero con eso. Todo el mundo.»

Sí, claro —pensaba yo—, *pero conmigo será diferente.*

Ni siquiera Daniel quería que lo hiciera.

«Es un mercado muy volátil, Khalil. Puedes perder mucho dinero. Y rápido.»

Tuve una de mis fantasías paranoicas y empecé a sospechar que Daniel simplemente no quería que yo tuviera dinero, lo cual me enojó mucho e hizo que le insistiera más incluso. Al final, accedió a que invirtiera en metales preciosos.

Conduje hasta su casa y le entregué todo lo que tenía, los 14.000 dólares.

«Tengo un buen presentimiento —dije—. Voy a ponerlo todo.»

Debió de negarse unas veinte veces, pero al final fui tan cansino que acabó aceptando. En pocos días el oro subió, exactamente como yo había pensado, y gané un montón de dinero. No recuerdo la cifra exacta, pero, sin duda, podría decirse que era presa de la «fiebre del oro».

Daniel me llamó.

«Muy bien, Khalil, has ganado una buena suma. ¿Estás listo para vender?»

«Mira, colega, voy a por todas. El oro subirá como la espuma. Quiero invertir a largo plazo.»

No tenía conocimientos previos del mercado y hablaba con palabras que apenas comprendía, pero ahí estaba yo, cortando el bacalao como si fuera Warren Buffet, el «Oráculo de Omaha».

«¿Por qué no retiras la mitad de los fondos?», sugirió Daniel.

«No —respondí—. No quiero retirar la mitad de los fondos. Quiero ganar mucha pasta.»

Seguí invirtiéndolo todo y el oro continuó subiendo. Hubo un par de imprevistos, pero con los repuntes gané más dinero. Ver el mercado de valores en la CNBC se convirtió en mi nueva adicción. No podía dormir. Dejé de leer y abandoné mis rezos y meditaciones. Apenas me relacionaba con otras personas, porque no entendían el estrés al que estaba sometido al seguir las subidas y bajadas del mercado.

Seguí corriendo con *Kingfish* y *Tar Heel* porque adoraba a esos perros, pero empecé a saltarme el programa de los doce pasos y lo remplacé por salir con un montón de chicas diferentes. Mantenerme sobrio ya no me bastaba, ahora tenía que ser rico.

Al cabo de unas semanas, el mercado empezó a ser muy inestable y Daniel volvió a preguntarme si quería vender.

«No», dije con firmeza.

Lo intentó todo para convencerme de que lo hiciera, pero yo no cedía. Estaba convencido de que el oro acabaría subiendo. Me levanté a las tres de la madrugada del día siguiente para ver la posición del oro en el mercado internacional. La cosa pintaba bien. Llevaba varias semanas sufriendo un insomnio terrible y al final el cansancio pudo conmigo y me quedé dormido en un puf sobre las seis de la mañana.

Desperté cuatro horas y media después. La televisión no tenía volumen. Miré la parte superior de la pantalla para ver cómo estaba el oro. Se me encogió el corazón. Me froté los ojos con fuerza y volví a abrirlos con la visión todavía borrosa. El oro había caído en picado hasta treinta y dos dólares la onza. Busqué mi teléfono todavía mirando a la pantalla, mientras intentaba hacer cálculos mentalmente. Aproximadamente, perdería mil dólares por cada dólar que había bajado el oro.

¿Por qué no me había llamado Daniel? Probablemente habría vendido mis fondos cuando el oro empezó a bajar.

Miré mi teléfono para marcar su número y me di cuenta de que estaba apagado. Se había quedado sin batería. Lo conecté y cuando se encendió me mostró siete mensajes de voz, todos ellos de Daniel.

«Eh, colega. ¿Quieres vender? Llámame.»

«Khalil, soy Daniel. Tienes que vender, tío. Llámame.»

«Llámame.»

No me molesté en escuchar los cuatro últimos mensajes. Llamé directamente a Daniel. Me parecía que la casa se me caía encima. Sentía un hormigueo en la frente.

Daniel contestó al primer tono. Había perdido todo el dinero. Todas esas jornadas de dieciocho horas trabajando siete días a la semana y ahorrando hasta el último centavo… Me desplomé. Caí al suelo y rompí a llorar mientras me daba puñetazos en la pierna y gritaba:

«¡No, no, no!»

Estaba muy enojado con Daniel por no haber vendido, a pesar de que yo le había dicho explícitamente que no lo hiciera. Estaba enfadado conmigo mismo y enfadado con Dios.

«¿Cómo has podido hacerme esto? Me he esforzado mucho, he trabajado hasta matarme. ¿Cómo has podido hacerme esto?»

Daniel entendía mi rabia, pero no podía hacer nada para ayudarme. Él también había perdido mucho dinero. Tenía que volver a Louisiana para visitar a su madre y sacar más dinero de su fideicomiso, por lo que me pidió que cuidara su casa. Así que ahí estaba yo, solo en su preciosa casa millonaria de Point Dume en Malibú, restregándome en mi propia cara que jamás tendría algo parecido.

Aquella noche fue miserable. No podía dormir. No dejaba de pensar en todo el dinero que había perdido. A la mañana siguiente vagué hasta el salón de Daniel con un surco de lágrimas continuo resbalando por mi rostro.

«Dios, ¿cómo has podido hacerme esto? Me he deslomado trabajando.» Me derrumbé sobre el sofá.

No puedo seguir así —pensé—. *No puedo continuar. Tengo treinta y cinco años, estoy sin un céntimo y jamás tendré la vida resuelta.*

Me quedé allí tirado, mortificado con el hecho de que había llegado al ecuador de la vida sin un puto centavo, sin haber terminado la secundaria, con antecedentes penales y era un extoxicómano. Debí de permanecer allí durante horas, inmerso en esa ciénaga mohosa de conmiseración y desprecio por mí mismo.

Cuando encontré fuerzas para levantarme del sofá miré la mesa de centro y justo en medio había una copia de *Todo el año con Emmet Fox*. Se lo había regalado a Daniel la Navidad anterior. Yo hacía meses que no leía el mío, ya que estuve demasiado atareado con el mercado de valores. Había vuelto a perder el rumbo una vez más, no hasta las profundidades oscuras de convertirme en un yonqui sintecho, pero en ese momento me parecía que no difería mucho. Ver el libro en la mesa me hizo sentir peor. Ahora estaba completamente sin blanca y me sentía como un pedazo de mierda por abandonar el extraordinario sendero espiritual en el que me había embarcado.

Lo tomé en mis manos y pasé las páginas hasta llegar a la fecha en la que nos encontrábamos. Todavía hoy, una década después, aún me cuesta creer lo que encontré allí. De hecho, si lo viera en una película pensaría: *Ni de coña, colega. Esas cosas nunca pasan en la vida real.* Pero lo cierto es que sí pasan. Lo sé porque me sucedió a mí. Cuando miré la entrada para ese día, que constaba al principio de la página, leí:

«No deposites tu fe en la plata y el oro. Deposítala en Dios».

Se me erizó la piel de todo el cuerpo y se detuvo el tiempo. Dios no había hecho nada. Dios jamás me dijo que invirtiera en futuros y opciones. De hecho, probablemente había enviado cien mensajeros para que me recomendaran no hacerlo.

No hay atajos. Solo existe el camino recto y estrecho. Mi tarea es trabajar, ser amable y ayudar a la gente. Vivir una vida honesta al límite de mis capacidades.

Sabía que era totalmente responsable de todo lo que sucedía en mi vida, tanto lo bueno como lo malo. Recibiría tanto como yo fuera capaz de dar y había llegado el momento de apostarlo todo.

No a la plata ni al oro, sino a mí mismo.

8

Tras perderlo todo en el mercado del oro y la plata, estaba ansioso por regresar al camino espiritual. Y cuando volví a encontrarlo me agarré a él como a un clavo ardiendo. Empecé a visitar Self-Realization Fellowship Lake Shrine Temple, centro al que acudía regularmente a meditar. Tras mis meditaciones me sentaba en silencio en el lago y observaba cómo los cisnes se deslizaban sobre el agua, absorbiendo la energía que generaba aquella belleza.

Los domingos iba al templo Hare Krishna, que estaba repleto de personas increíbles que realizaban cánticos y clamaban al Señor. Siempre disponían de comida vegetariana espectacular en grandes cantidades. Podías comer tanto como quisieras y todo era gratuito. Dedicaban mucho esfuerzo a la preparación de esos alimentos. Comenzaban su labor el sábado por la mañana, y después permanecían cantando y rezando durante veinticuatro horas para impregnarlos con su bendición espiritual antes de servirlos. Yo comía hasta reventar cada domingo por la tarde y a veces incluso me unía a sus bailes. Saltaba con ellos y cantaba: «Hare Krishna, Hare Krishna, Krishna Krishna, Hare Hare, Hare Rama Hare Rama, Rama Rama Hare Hare».

Durante esta época volví a contactar con Sean French, uno de los seres humanos más increíbles que haya encontrado en mi vida, y retomamos nuestra relación prácticamente donde la habíamos dejado años atrás.

Sean había intentado desesperadamente conseguir que redujera el consumo de drogas en multitud de ocasiones. En la última época hizo cuanto estuvo a su alcance para detenerme. La última vez que lo había visto, yo sufría uno de mis «episodios». Había estado desgarrándome la piel de la cara frente al espejo y arrancándome grandes mechones de pelo. Intentó enclaustrarme en el baño y llamó a la policía, pero yo derribé la puerta y salí corriendo. Cuando lo llamé para contarle que me había desenganchado y que quería verlo, temía que me colgara el teléfono. Pero, en lugar de eso, me pidió la dirección y dijo:

«Pasaré por allí ahora mismo».

Apareció una hora después con bolsas llenas de comida, productos de apariencia exótica, hierbas, suplementos alimenticios, la mayoría de los cuales desconocía por completo. Ortigas urticantes, bardana, cúrcuma. Puso todo en una batidora y me dijo que lo bebiera.

Le di un sorbo.

«Sabe asqueroso.»

«Me da igual. Bébetelo.»

Bebí. Y me sentí genial. Empecé a beber los licuados y zumos de Sean cada día y mejoré las recetas para que fueran más agradables al paladar. Si agregaba un poco de limón y miel a la cúrcuma, o vinagre de sidra y cayena al jengibre, esos brebajes que me hacían sentir tan diferente eran mucho más fáciles de beber.

Me engancharon. Empecé a realizar habitualmente trayectos de una hora en coche para ir a Erewhon, el local especializado en licuados de West Hollywood, y permanecía allí durante horas, inspirado con aquella increíble energía y con sus ingredientes frescos orgánicos. El Vitamin Barn, un local de zumos de Malibú, era prácticamente mi segundo hogar, y me fascinó que adoptaran la moda del cuenco de azaí que se había instalado en Sudamérica y Hawái, un desayuno hecho a base del ahora famoso superfruto púrpura de Brasil. Después descubrí Rawesome, también llamado «The Raw Garage», donde me atiborraba de leche, yogur y mantequilla cruda. Más tarde llegó One Life, una tienda de productos naturales situada en Venice. Luego Rawvolution, un restaurante crudivorista de Main Street de Santa Mónica. Y suma y sigue.

No tardé mucho con fantasear en abrir mi propio negocio de licuados donde pudiera seleccionar mis elementos favoritos de las tiendas de productos naturales y combinarlos con los superalimentos a los que me había introducido Sean, pero consiguiendo que estuvieran ricos y fueran sabrosos. Salvo que yo quería que mi local fuera orgánico al cien por cien. Y quería contratar a personas limpias, felices y saludables de la comunidad local, no a chavales blancos con rastas y mugre bajo las uñas que apestaban a pachuli y buscaban su identidad mediante las drogas, el *reggae* y el veganismo. Esto hacía que en la mayoría de esos establecimientos me sintiera como si me castigaran por querer alimentarme con comida sana.

¿Por qué no podía existir un sitio como un Starbucks de la comida sana y orgánica? Yo ni siquiera era un gran amante del café, pero me seducía su manera de hacer las cosas. Los locales estaban siempre limpios, eran cómodos, tenían una buena iluminación, te sentías seguro y la música era fantástica. El personal que te atendía estaba contento, eran limpios y amables. Me encantaba. Nunca tuve la intención de convertirme en una gran empresa como ellos, pero me fascinaba la idea de crear un salón para la comunidad al que pudiera ir a pie desde mi casa. Un sitio al que nuestros vecinos pudieran llevar a sus hijos a tomar yogur helado orgánico tras los partidos de las ligas infantiles, en lugar de esa basura llena de sirope de maíz con alto contenido en fructosa y sustancias artificiales. Un lugar al que la gente pudiera ir a beber zumos y cafés orgánicos, en el que todo fuera orgánico. Un lugar para que la comunidad se reuniera sin teléfonos móviles, ordenadores portátiles ni «redes sociales».

Convencí a Daniel para que invirtiera en mi idea e incluso alquilé un local en un centro comercial destartalado cerca de Zuma Beach, a poco más de un kilómetro de donde vivía Robbie. Después, entró en juego la ley de Murphy. Daniel recayó, la mujer que se suponía que dejaría una plaza libre decidió continuar con su negocio y todo se fue al garete. Estaba desconsolado.

Me ascendieron al turno diurno en la clínica Malibu Ranch Rehab Center, que era un auténtico circo. Pero contemplar a esas personas que entraban totalmente jodidas con sus terribles citas judiciales pendientes, maridos o esposas que habían acabado desertando, así como gente que había tocado fondo físicamente e intentaban recuperarse de su reciente descubrimiento de que habían contraído la hepatitis C o el sida, me ayudaba a mantenerme sobrio.

Una de las pacientes, una chica joven, dijo que quería empezar a hacer yoga. Me ofrecí voluntariamente a acompañarla, principalmente porque era una muchacha preciosa y yo no sabía qué eran los límites. Sus padres estaban tan agradecidos de que volviera a hacer algo saludable que me dieron su tarjeta de crédito para que contratara veinte clases para cada uno.

El plan era que nos veríamos al día siguiente en el centro donde impartían las clases tras su cita con el peluquero en Santa Mónica. Uno de los otros técnicos de la clínica la dejaría allí y yo la llevaría a casa. Llegué temprano y esperé a la puerta del local fumando, lo cual ahora me parece muy gracioso, pero en aquel momento era lo más natural del mundo. Una belleza perfecta morena de metro cincuenta y cinco pasó ante mí. Me sonrió y entró en el estudio. Yo tiré el cigarrillo al suelo y la seguí. Cuando entré, vi que estaba detrás del mostrador de recepción.

«¿Puedo ayudarte en algo?», me preguntó.

«Sí, se supone que he quedado aquí con una amiga. Quiere hacer yoga.»

La mujer volvió a sonreír.

«Genial. Me llamo Lydia. Seré la instructora hoy. ¿Tú también quieres hacer la clase?»

«Sí», respondí, tal vez demasiado alto y con más entusiasmo del debido.

«¿Has traído una esterilla?»

«No, no he traído.»

Me prestó una y me mostró dónde tenía que colocarla. Lo que no me dijo es que era una clase de nivel 3, diseñada para personas cuya práctica era avanzada. Yo no tenía ni idea de lo que hacía. A los quince minutos estaba temblando. Sudaba copiosamente y daba tumbos de una posición a otra. Llevaba dos años sobrio, tomaba complejos vitamínicos y bebía varios licuados y zumos al día, pero seguía estando muy bajo de forma. Tal vez tuviera que ver con mi costumbre de beber también Coca-Cola para almorzar y con la cena, comer Doritos a diario y darme algún que otro atracón de comida basura en Jack in the Box.

Lydia se acercó y me colocó una mano sobre la espalda, haciendo que me inclinara hasta alcanzar la postura del niño.

«Tú quédate así.»

Permanecí en esa postura durante unos diez minutos y después me puse de espaldas para hacer la Savasana, la postura del cadáver. La clase duraba una hora y quince minutos y me pasé prácticamente una hora tumbado de espaldas e inconsciente intermitentemente. Pero la sala rebosaba de energía sanadora y me sentía genial.

La chica de la clínica de desintoxicación nunca apareció, pero yo asistí a todas las clases de Lydia que pude a partir de ese día. Reduje mis hábitos de fumador drásticamente, porque sencillamente no me parecía apropiado envenenar mi cuerpo de tal forma y ponerme después a hacer yoga. Empecé a limitar el consumo de comida basura y a investigar sobre superalimentos como las bayas de goji, el cacao crudo y el polen de abejas.

Tardé seis o siete clases en conseguirlo, pero al final empecé a aprenderme las posturas y a trabajar al mismo ritmo que el resto. Lydia siempre me animaba y halagaba mis esfuerzos. No solo era una mujer hermosa, sino una diosa.

Un día, dos semanas después de empezar la práctica, me encontraba de espaldas haciendo la Savasana cuando Lydia se acercó y me empujó la frente con su pulgar. Después entrelazó las manos, las colocó sobre mi esternón y las abrió. Cuando empujó hacia dentro, me puse a llorar sin saber por qué. Tenía un tacto muy poderoso. Me dio mucha vergüenza, pero ella mantuvo las manos allí, sanándome desde el interior hacia fuera. Toda una vida de dolor y presión empezó a liberarse.

El yoga es una herramienta enormemente poderosa y fascinante. Todo el dolor y el trauma que había sufrido desde niño o que había provocado en mí como persona adulta estaban instalados en lo más profundo de mis tejidos, encerrados en las fibras de mis músculos. El yoga era la llave maestra que los abría y los dejaba salir.

Una vez más tenían que ser una chica bonita y una mujer joven las que me hicieran avanzar en mi camino espiritual. Es algo bastante superficial y pretencioso, pero no soy tan orgulloso como para no saber admitir que aprendí a nadar en las aguas poco profundas antes de poder hacerlo en la profundidad del mar abierto.

Al cabo de pocos días, fui a un restaurante mexicano de Malibú a comprar algo para comer a mediodía. Mientras hacía cola, advertí un rostro familiar con el rabillo del ojo. Era Jennifer. Cuando nuestras miradas se cruzaron, me pareció quedarme sin respiración. Por su aspecto, diría que a ella le sucedió lo mismo. Conseguimos arreglárnoslas para intercambiar unos incómodos saludos.

Finalmente, me dijo:

«Creí que estarías muerto. Durante todo el primer año desde que desapareciste, cada vez que oía sirenas me ponía de los nervios. Siempre pensé que habrías muerto».

«¿Por qué me abandonaste?», le espeté.

Se echó a llorar.

«No lo hice. Me dieron unas pastillas y me sacaron de allí. Contrataron a una persona para que me vigilara las veinticuatro horas del día. No me permitían usar el teléfono. Mi abuelo contrató seguridad privada para vigilar la clínica de desintoxicación e impedir que pudieras acercarte a mí y que yo volviera a escaparme contigo.»

«No lo entiendo. ¿Por qué me abandonaste? Dijiste que nunca me dejarías…»

Dimos vueltas sobre esto mismo varias veces. Debí de preguntarle a Jennifer unas diez veces por qué me había abandonado sin llegar a escuchar realmente su respuesta.

Finalmente, cambié de tema.

«¿Estás saliendo con alguien?»

Me dijo que sí. Se trataba de un actor de cine, un tipo muy guapo. Tengo que admitir que me escoció.

Tras eso, nuestra relación fue inestable, con muchos altibajos. Teníamos momentos en los que nos peleábamos y nos hacíamos el vacío el uno al otro, después nos reconciliábamos y había abrazos, risas y carcajadas. Pero al final llegamos a construir una relación. Habíamos sobrevivido juntos a algo que nadie más podía comprender y que algunos ni siquiera creerían.

Jennifer quería saber todo cuanto me había sucedido. Así que se lo conté. Y así quedaron las cosas. Seguimos siendo grandes amigos.

Fred Segal es un hombre increíble de gran talento y un icono de la industria de la moda. Fue pionero en la idea de los tejanos como declaración de estilo y abrió su propia *boutique* en Los Ángeles para después expandirse alrededor del mundo. Otro de sus proyectos era un centro de tratamiento de superlujo llamado The Canyon, situado en una finca de ciento veinte hectáreas de Malibú a la que acude el Dalai Lama de vez en cuando. Yo había estado allí anteriormente, ya que realizaban reuniones grupales los martes por la noche e invitaban a miembros de otras clínicas, y fantaseaba con trabajar en un sitio como ese.

Cierto día estaba sentado en la terraza del The Coffee Bean de Malibú y vi a Fred Segal en una de las mesas hablando con unos amigos. Una extraña urgencia se apoderó de mí, y, antes de que tuviera tiempo de comunicarle a mi cerebro que desistiera, caminé directamente hacia allí, me planté delante de él en posición de firmes y proclamé en voz alta:

«Señor Segal, haría cualquier cosa por trabajar en su clínica.»

«Llámame Freddy», respondió.

«De acuerdo, Freddy. Haría cualquier cosa por trabajar en tu clínica».

«¿De verdad?»

«Sí.»

«¿Tienes un bolígrafo?»

«No, señor.»

«Bueno, ¡pues ve a conseguir uno!», gruñó.

Corrí al interior de The Coffee Bean. Ni siquiera pregunté si podía pedirlo prestado, simplemente tomé uno del mostrador y regresé corriendo afuera.

Freddy dijo:

«Apunta esto —recitó un número de corrido—. ¿Cómo te llamas?»

«Khalil.»

«Muy bien, Khalil. Llama a ese número, pregunta por Leo y dile que Freddy ha dicho que te contrate.»

Y tras esto se volvió y siguió con su conversación, despachándome sin hacerlo realmente. Pobre Leo. Yo no tenía experiencia profesional ni estudios, ni estaba cualificado para trabajar allí. Sin duda, lo que me hizo meter el pie dentro fue trabajar en The Malibu Ranch. Aunque aquello en realidad era un desmadre en el que todo el mundo se acostaba con todo el mundo. Y, los empleados sabían que los pacientes tomaban drogas sin que a nadie le importara. No obstante, Leo me contrató para hacer el turno de noche y cubrir los turnos en los que hubiera alguien de baja. No les quedaba más remedio, ya que Freddy era el dueño.

No tenía idea de cómo había que comportarse para tener una actitud profesional. Me abrían expedientes una vez al mes como mínimo. No sabía los límites que había que establecer entre el personal y los pacientes, por lo que no tenía cuidado al hablar. Tuve la suerte de que las personas que dirigían el centro tenían una paciencia enorme y procedían de entornos muy variados. Y al considerarlo en retrospectiva, creo que trabajaron más conmigo que con cualquiera de los pacientes. Fue precisa la colaboración de todo el centro para educar a este imbécil.

Cathleen, que tenía la pared repleta de diplomas, maestrías y doctorados, siempre me trató con mucho cariño y amor. Se centraba en la aplicación profesional de la salud mental y el trabajo social, lo que quiera que eso significara.

Leo, el director del centro, era un ferviente admirador de la sabiduría tolteca y del libro *Los cuatro acuerdos*, de don Miguel Ruiz, de quien era amigo y con quien había recorrido México.

Kelly era un exabogado al que le apasionaba ayudar a los niños, y había acogido temporalmente a chavales con necesidades especiales antes de entrar a trabajar en la clínica. Dedicaba horas a introducirme en el mundo de la terapia cognitiva y dialéctica, que hasta el día de hoy sigue siendo uno de los mejores tratamientos que haya recibido nunca. Este tipo es un as, uno de los mejores en su campo.

Los pacientes pagaban sesenta mil dólares mensuales por estar en The Canyon. Mi sueldo era de catorce dólares a la hora, pero lo habría hecho gratis. Me beneficiaba de ello tanto o más que muchos de los pacientes, y supongo que la clave estaba en que yo tenía voluntad. Quería realmente que me ayudaran. Llevaba dos años y medio sobrio y deseaba seguir avanzando. Estoy seguro de que habría sido una historia muy diferente si me hubieran ingresado allí mis padres, o si contara con alguna otra forma de apoyo, como muchos de los pacientes que entraban y salían; pero yo estaba desesperado. Cathleen, Leo y Kelly veían que quería curarme y ser mejor persona, así que se partían el lomo para ayudarme a conseguirlo. Doy gracias a Dios continuamente de que vieran cierto potencial en mí, a pesar de lo verde que estaba y la cantidad de cosas que había por pulir en mí.

Todo lo que me faltaba en preparación lo remediaba con persistencia. Aunque trabajaba en el turno de noche y cubriendo bajas, dije a todos los empleados: «Por favor, si necesitas un día libre me encantará hacer tus horas».

Había dos docenas de trabajadores, así que no tardé en cubrir bajas todos los días, hasta que empecé a hacer doble e incluso triple turno. Me encantaba. Ganaba dinero y, además, tenía seguro médico y dental, algo de lo que carecía desde la infancia. Mi vida empezaba a parecerme algo extraordinario. Llegué incluso a quedarme prendado de una chica que trabajaba en el Vitamin Barn, el local de zumos de Malibú. Se llamaba Hayley. Tenía la sonrisa más espectacular del mundo y unos enormes ojos de color azul preciosos. Me encontré a mí mismo apareciendo por allí tres veces al día con la esperanza de poder verla para mantener nuestra conversación rutinaria de cinco a diez minutos mientras me bebía mi batido en la barra. Estaba demasiado nervioso para pedirle una cita, pero no podía evitar tener la sensación de que la conocía de algo.

Al final, no pude soportarlo más y le pregunté:

«¿Por qué me da la sensación de que te conozco de algo?»

«No lo sé —respondió—. Puede que conozcas a mi hermana.»

«¿Cómo se llama tu hermana?»

«Eden.»

Casi me da un síncope.

«Cielo santo —acabé diciendo, maravillado—. Eres la niña que me cerró la puerta en las narices.»

Sonrió.

«Sí, quizás.»

Y me dejó allí plantado. Esta vez no pensaba dejar que me cerrara la puerta en las narices. A partir de ese día intenté hacerme el listo, mencionando conciertos y películas que programaban próximamente, esperando que la conversación nos llevara a salir juntos. Pedía mi batido y decía: «Por cierto, el sábado toca una banda muy chula en tal lugar». Después, esperaba a que se interesara por ello.

Jamás lo hizo. No conseguí sacarle nada.

Al día siguiente: «Oye, ¿has oído hablar de tal película? Dicen que es genial».

Ella simplemente sonreía.

Empecé a comprar el *LA Weekly* en busca de algo que pudiera gustarle. Música, películas extranjeras, galerías de arte, nada funcionaba. Aquello me sacaba de mis casillas. Pero estaba prendado de ella. No pensaba darme por vencido.

Aunque Hayley me volvía loco ignorándome, mi trabajo en The Canyon mejoró más si cabe. Michael Cartwright, el otro socio de la clínica, era un hombre que emergió desde las profundidades de la adicción y la desesperación hasta llegar a tener un éxito inaudito en el mundo de la salud mental y la terapia. Vivía en Nashville y venía a visitarnos regularmente. Y empezó a percatarse de mi pasión y ética en el trabajo.

Durante una de sus visitas, me llevó a cenar y me dijo:

«Khalil, tú eres lo que yo llamo "un productor". Produces resultados. Eres un hombre trabajador y un productor. Quiero ayudarte con tu formación. ¿Qué te gustaría hacer?»

Me sentí extraordinariamente halagado. Nunca había pensado en mí de ese modo. ¿Yonqui? Sin duda. ¿Indigno de recibir amor? Probablemente. Pero ¿productor? Esto era nuevo.

«Me encantaría ser consejero de rehabilitación. Podría ayudar a las personas a someterse al tratamiento que necesitan y ganar un montón de pasta con ello.»

La última parte de mi respuesta no le entusiasmó del todo.

«De acuerdo —dijo—. Podemos ofrecerte formación como consejero de rehabilitación. Ahora hazte una idea de adónde quieres llegar dentro de un año, dentro de tres años y dentro de cinco.»

Empecé a contárselo y me frenó en seco, alzando una mano.

«No, escríbelo y después me lo muestras.»

Me puse a explicárselo una y otra vez. De nuevo me dijo:

«No. Apúntalo. Es muy importante. Algún día lo comprenderás».

Tenía razón. El hecho de usar papel y bolígrafo para diseñar un plan concreto encierra un poder determinante. Michael lo arregló todo para que recibiera formación como consejero de rehabilitación certificado y lo pagó de su propio bolsillo. También me envió a conferencias para completar mi educación de manera continuada y hacer contactos, aparte de animar al resto del personal de The Canyon a que me ayudaran a seguir creciendo.

Ya con títulos a mi nombre, empecé a realizar intervenciones, y, para mayor satisfacción, también ganaba dinero con ello. Seguía sin tener ni idea de qué es la «actitud profesional», y probablemente esa es la razón por la que obtenía tanto éxito en mi trabajo. La mayoría de los toxicómanos son extraordinariamente inteligentes y suspicaces. A lo largo de los años aprenden a no confiar en médicos ni en psiquiatras y a rechazar a las figuras de autoridad. Yo soy un sin ley, un rebelde. Siempre lo he sido y siempre lo seré. Decía cosas inapropiadas y hacía lo indecible para conseguir que rieran. Estas personas sufrían un dolor inmenso, exactamente igual que yo. Me importaba poco que no debiéramos hacernos amigos de nuestros pacientes, porque lo que ellos necesitaban era precisamente eso.

Imaginad el trauma, el miedo, la culpa y las pesadillas que suponen ser uno de los pocos supervivientes de un accidente aéreo. Puedes ver a tantos psicólogos, psiquiatras o a esos llamados «especialistas» como quieras. Y no me refiero a que no vayas a sacar algo positivo de ello, pero imaginad ahora que encontráis a una persona que también ha sido el único superviviente de un terrible accidente aéreo que sucedió un tiempo atrás, alguien que se ha recuperado completamente y funciona con la plenitud de sus facultades. A esa persona, a ese superviviente del accidente, lo escuchas. Y puede ayudarte, porque ha estado en tu situación y habla desde la absoluta certeza que otorga la experiencia.

No es que no respete a los terapeutas y a los psiquiatras, supongo que lo hago. Pero, cuando has sido un puto drogadicto, estás sufriendo, tienes miedo y crees que no puedes parar la rueda, yo puedo decirte: «Bueno, pues ¿sabes qué? Yo también he sido un puto drogadicto y lo he dejado». Y ese proceso terapéutico que tiene lugar cuando nos sentamos a hablar uno con otro de nuestras mierdas posee un valor incalculable.

Cuando yo miraba a los ojos a esos pacientes que sabían perfectamente todo lo que yo había hecho y por lo que había pasado, cuando les mostraba mi amor incondicional y les decía que podrían superarlo, recobraban la esperanza.

Prácticamente todas las personas con las que trabajé a nivel individual durante el tiempo que estuve en The Canyon se han desintoxicado. Lo consiguieron por la gracia divina y a través de su voluntad para esforzarse. De hecho, varios de ellos son mis mejores amigos.

Llevaba trabajando casi dos años en The Canyon y me sentía cómodo viviendo sin consumir drogas. Leía un montón de libros de autoayuda, empezando con *El Secreto, Psicocibernética, El poder del pensamiento positivo* y *Piensa y hazte rico*. Mi perspectiva vital y mi autoestima empezaron a mejorar mucho y la paranoia había desaparecido prácticamente por completo. Todo esto se vio potenciado gracias a una conversación que tuve con Robbie una noche tras una de las reuniones del programa de los doce pasos. Me embarqué en una de mis típicas diatribas sobre lo triste que había sido mi infancia, cómo habían abusado de mí y lo malos que habían sido mis padres. Robbie elevó el tono de su voz hasta equipararlo al mío.

«¡Eso fue hace treinta años! —dijo—. ¿De verdad crees que sirve de algo repetir esas historias una y otra vez?»

Me dirigió una mirada vidriosa, como si estuviera a punto de llorar. Supongo que se trataba de la mirada que un padre cariñoso dirigiría a su hijo. Y entonces me golpeó con otra de sus preguntas reveladoras.

«¿Quién serías tú sin tu historia?»

«¿Qué me estás contando?», le pregunté.

«¿Quién serías? ¿Qué persona serías tú si dejaras de contar una y otra vez la misma puta historia sobre lo que te pasó? Si te olvidaras de ello, dejaras de hablar sobre drogas todo el tiempo y lo que hiciste cuando estabas colocado con ellas. Para ya de hablar de toda esa mierda que te sucedió cuando eras pequeño. Tienes treinta y siete años. Nadie quiere hacerte daño. Nadie te persigue. Nadie va a sujetarte y a abusar de ti. Hace tres años que no te metes nada. Deja de hablar de drogas de una vez. Deja ya de venerarlas. ¿Qué sería de ti sin tu historia? ¿En quién te convertirías?»

Tras eso, dio media vuelta y subió a su habitación para acostarse.

Yo permanecí allí sentado en estado de *shock*, fumando mis Camel Light uno detrás de otro. Me había quedado paralizado. Llevaba toda la vida contándome esa misma historia, que el mundo era malo, que yo era malo y Dios me había abandonado. Lo creía todo a pies juntillas, como quien afirma que el cielo es azul. Dios no me había abandonado, sino que había sido yo quien me había olvidado de mí. Mi madre no me había abandonado; hizo cuanto pudo con las herramientas que tenía a su disposición.

No sé dónde he leído que el noventa por ciento de los pensamientos que tenemos son repeticiones de lo que hemos pensado el día anterior y estos de los del día previo, así hasta el origen de los tiempos. Nos decimos las mismas tonterías todos los días y nos preguntamos por qué nunca cambiamos. Nuestros pensamientos son los mismos, nuestras costumbres son las mismas, así que nuestra vida sigue siendo la misma. Podía leer todos los libros de autoayuda que se hubieran escrito, pero de poco serviría si seguía aferrándome a mi historia como si fuera un salvavidas.

En el período que trabajé en The Canyon había sido muy cuidadoso con el dinero. Jamás volví a invertir en futuros, pero estaba terriblemente paranoico con la economía y me horrorizaba la idea de arruinarme y volver a verme en la calle, así que cada viernes llevaba mi cheque al Bank of America, lo cobraba y después iba directamente al centro de numismática de California en Inglewood y compraba oro puro. Ponía aparte el dinero de mis gastos, y el resto (el cheque de la paga, las bonificaciones y lo que ganaba con las intervenciones y consultas privadas) lo transformaba en monedas de oro MS64 Saint-Gauden de la época previa a 1933 y las guardaba en una caja fuerte. Empecé a comprar oro a quinientos dólares la onza y seguí comprando, ya que veía que su valor aumentaba continuamente. Al cabo de tres años, las monedas que había comprado por seiscientos dólares alcanzaron un valor de dos mil cuatrocientos cada una.

Diseñé un tablón con visiones que representaban el éxito para mí y lo coloqué en el armario de mi habitación. Pegado a él había una fotografía de un Volvo XC90 nuevo. Años antes había estado en el asiento trasero de uno y, aunque parezca tonto (ya sé que la mayoría de los chicos fantasearían con un Porsche, un Ferrari), o algo por el estilo había algo en él que lo hacía especial. Daba sensación de seguridad. Me prometí a mí mismo que algún día tendría uno.

En una extraña demostración de exceso, decidí que haría realidad una de mis visiones de futuro. Una de las chicas que había tenido como paciente trabajaba en el departamento de finanzas de un concesionario Volvo de Pasadena, y cuando le hablé del coche de mis sueños me dijo que podía ayudarme a conseguirlo. Le dije que había destruido completamente mi línea crediticia, ya que dejé de pagar sin más todas las facturas y tarjetas de crédito cuando empecé a traficar con éxtasis, y que solo tenía una puntuación de 460.

«Ya te dije que trabajo en el departamento de finanzas —respondió—. Te lo arreglaré.»

Una semana después, salía del aparcamiento del concesionario con mi nuevo Volvo XC90 del 2006 en color plateado. Me pertenecía, y era precioso.

Así que seguía estando sobrio, leía libros excelentes y tenía unos cuantos lingotes de oro en una caja fuerte y un coche del que estaba orgulloso, pero lo que todavía no había adquirido era un mínimo sentido de la humildad. Volvía locos a mis compañeros de The Canyon. Me decían una y otra vez: «Khalil, cuando acabes el turno tienes que hacer el papeleo. Tienes que rellenar estos formularios, rellenar tal listado y bla-blabla».

Jamás llegué a hacerlo. Igual que nunca hacía los deberes en la escuela, y, cuando digo «nunca», quiero decir realmente «nunca». Cuando se trataba de algo que no quería hacer, simplemente ignoraba las reglas. Podrían haberme puesto en la calle innumerables veces, pero como era un gran productor de resultados e ingresos me toleraban. No obstante, al final, mi comportamiento y actitud negativa superaron a mis contribuciones. Me despidieron.

Me sentía devastado. Les guardaba rencor por haberme despedido, pero en el fondo sabía que yo no era un trabajador empleable. Si hubiera podido cerrar el pico y realizar el trabajo que se me encomendaba, habría mantenido mi puesto. Lo ideal sería que bastara simplemente con que los pacientes te importaran, creyeras en ellos y los amaras de una manera sincera, apasionada y auténtica. Era eso lo que hacía que continuaran serenos, no el papeleo. Así lo sentía yo, estaba seguro de ello, y esa fue la razón por la que me despidieron.

El miedo y la depresión empezaron a alzarse ante mí como una ola amenazante. Tenía treinta y siete años, una experiencia profesional muy limitada, un coche que pagar a plazos y la chica de mis sueños al fin empezaba a percatarse de mi existencia. La idea de volver a limpiar casas y lavar perros por dinero de bolsillo me resultaba aterradora. Lo haría, pero quería realizar otra labor. Quería ayudar a la gente.

Intenté centrarme en los aspectos positivos. Había conseguido que muchas personas recibieran su tratamiento y ayudado a muchos de ellos a recobrarse. Y, a pesar de que me aterrara perder todo lo que había ahorrado, no dejaba de repetirme que no tenía que confiar en el dinero.

No deposites tu fe en la plata y el oro. Deposítala en Dios.

No sabía cuándo llegaría mi siguiente paga. Pero tampoco tenía que saberlo, solo tenía que permanecer sobrio, ser positivo y seguir investigando. El resto se arreglaría por sí solo.

Salí de The Canyon por última vez con esa mentalidad y fui al Vitamin Barn para alimentarme un poco, pero sobre todo para ver a Hayley, que solo necesitaba mirarme para hacerme sentir genial.

No estaba trabajando ese día. Me quedé allí con la esperanza de que entrara, solo por ver su rostro. No tenía dónde ir ni idea de qué hacer conmigo. La depresión y la ansiedad permanecían al acecho. Entonces sonó mi teléfono. Eran los padres de una chica a la que había ayudado a entrar en la clínica de desintoxicación un par de años antes. «Necesitamos tu ayuda —dijo el padre—. Tenemos un sistema de seguimiento instalado en la Blackberry de nuestra hija. Está en Long Beach, sabemos la dirección, pero no de qué sitio se trata. Nos preocupa que sea un lugar peligroso.»

Les dije que Long Beach no era un lugar de fiar, pero que quizá pudiera ayudarles.

«No repararemos en gastos —dijo—. Por favor, ayuda a nuestra hija.»

Lo que estaban pidiéndome era realizar una «extracción», sacar a un drogadicto de una situación peligrosa para que recibiera la ayuda que necesitaba, algo parecido a lo que los padres de Jennifer hicieron cuando se la llevaron de Spencer Recovery Center para alejarla de mí. Le di al padre de la chica un listado de personas y lugares a los que podía llamar.

«Escucha —dijo—, no hay nadie a quien podamos llamar. Ella no le hará caso a nadie más que a ti. ¿Puedes ayudarnos, por favor?»

«Por supuesto.»

«No podía creer que tuviera trabajo una hora y media después de haber sido despedido. Me subí al coche y apreté el acelerador bajando por la PCH hacia Long Beach. Hacia la oscuridad.

9

La dirección correspondía a un motel barato. No era exactamente un fumadero de crack, pero estaba a un paso de serlo.

Pasé por recepción y les di el nombre de la chica.

«Necesito encontrarla. ¿Tiene una habitación?»

«Sí, tiene una habitación», dijo el recepcionista.

«De acuerdo, necesito que me lleves a ella.»

«Ah, eso no podemos hacerlo», respondió.

«¿Qué prefieres, llevarme a su habitación o quieres tener a veinte policías aquí dentro de tres minutos?»

«Espera que encuentre a alguien para que vigile el mostrador.»

Me llevó hasta su habitación y llamé a la puerta. Cuando la chica abrió se quedó con la boca abierta.

«Pero ¿cómo me has encontrado, por Dios? ¿A qué has venido? ¡Lárgate de aquí ahora mismo!»

Yo ya estaba dentro de la habitación. Había droga y jeringuillas esparcidas por todas partes. También un tipo sentado en la cama con pinta de sujeto peligroso, que probablemente era un sintecho.

Le dije:

«Recoge tus cosas y lárgate de aquí ahora mismo si no quieres ir a la cárcel».

El chico desapareció tras la puerta. Metí a la chica en mi coche y la llevé a unas instalaciones tuteladas de Malibú. Sus padres estaban encantados. El padre me entregó un cheque por valor de cinco mil dólares y casi me quedo de piedra. Les dije que era demasiado, pero no querían oír hablar del asunto. Habían gastado esa misma suma cada vez que contrataban a un consejero de rehabilitación, y llevaban quince por aquel entonces. La peor pesadilla para un padre es perder a su hijo. Ellos habían recuperado a su niña y eso no tenía precio.

Poco después, recibí otra llamada de un padre, propietario de un negocio exitoso, cuyo hijo tenía problemas. Se resistía a recibir tratamiento desde hacía una década y el padre creía que al final acabaría perdiéndolo para siempre. Localicé al chaval y conseguí que recibiera tratamiento. El padre estaba tan contento que no solo quería pagarme, sino que insistió en ayudarme a hacer contactos.

Esto se convirtió en la tónica. Conocí a muchas personas influyentes y con gran poder gracias a que sus hijos tenían problemas, poco importaba que estuviéramos hablando de chavales de dieciséis años o de cuarenta y cinco. Y, cuando les ayudaba, corrían la voz a través de sus círculos de amistades. Tuve que encargarme de realizar extracciones en situaciones muy tensas, incluso salía del estado a sacar a algunos que estaban en laboratorios de metanfetaminas. Cada vez que sabía que la cosa se pondría fea, llamaba a Scary Gary, un tipo que llevaba tatuajes de la cabeza a los pies y que había pasado la mitad de su vida en prisión. Era un hombre aterrador con un corazón de oro puro. Nos habíamos conocido en una reunión del programa de los doce pasos, y cuando supo a qué me dedicaba dijo:

«Si algún día necesitas refuerzos, llámame».

Scary Gary me salvó el culo en más de una ocasión.

Fantaseaba todo el tiempo con abrir mi propio centro tutelado. En lugar de correr de aquí para allá persiguiendo a gente y exponiéndome a situaciones en las que mi vida corría peligro, podrían acudir a mí y yo cuidaría de ellos y les ofrecería un centro de curación seguro y hermoso en el que vivir mientras combatían sus demonios. Y no solo uno, sino cinco, tal vez diez incluso. Se trataba de un sueño que me hacía seguir adelante durante los momentos de oscuridad, especialmente en uno de ellos.

Todo empezó con una llamada de un padre adinerado que vivía en la costa Este. Yo conocía a su hija porque había estado ingresada en The Canyon. Había entrado y salido del tratamiento varias veces durante cinco años. Ahora rondaba por las calles de Venice haciendo cosas horribles para sobrevivir. Cuando chicas de este tipo desaparecen en Venice, suele ser en un lugar al que llaman Ghost Town. Yo, por desgracia, conocía aquel lugar perfectamente. Allí fue donde me coloqué por última vez antes de mi sobredosis final. Esa noche me asaltaron con navajas dos camellos de crack en la esquina de la Cuarta con Brooks. No tenía excesivas ganas de regresar a aquel lugar.

Contaba con una pista para seguir el rastro de la chica: se comunicaba con su exnovio desde un supermercado de la cadena Kinko de aquella zona. Mantuve el local bajo vigilancia y patrullé por el resto de Ghost Town en su busca. Sus padres no paraban de llamarme, temiendo que muriera antes de que yo llegara a encontrarla. Tardé dos semanas en conseguirlo. Cuando me crucé con ella, me recordó.

«¿Quieres que nos coloquemos?», le dije.

La chica se encontraba en un estado de paranoia yonqui absoluta y desconfiaba de todo.

«Que te follen.»

«No, en serio. ¿Quieres que nos coloquemos?»

«¿Has vuelto a engancharte?»

«Oye, ¿quieres que nos coloquemos o no?»

«¿Llevas algo encima?», me preguntó.

Mierda, tendría que demostrar que no iba de farol.

«Tengo que ir a pillarlo.»

«Ve a pillar y después voy contigo», dijo.

«Muy bien. Nos vemos aquí dentro de una hora.»

Me marché en el coche y llamé a un amigo que sabía que todavía se drogaba.

«Eh, colega, necesito pillar algo de negra.»

«¡De puta madre!»

«No, no es para mí.»

«No, no pasa nada —dijo—. No se lo contaré a nadie.»

«En serio, colega. Llevo tres años limpio. No pienso joderla. Solo necesito conseguir algo de heroína.»

«Tranquilo, colega, yo no te juzgo. Lo que tú digas.»

Me dio el número de su camello de heroína. Nos citamos y compré un gramo. Después, fui a una farmacia de Santa Monica Boulevard donde solía convencer al farmacéutico para que me vendiera cajas de agujas y jeringas. Cuando salí disponía de todo lo necesario para demostrar que quería colocarme. Volví al lugar en el que me había citado con la chica, pero no estaba. Esperé durante veinte minutos, solos yo, la heroína y ese paquete lleno de jeringuillas. La sensación era bastante espeluznante, pero lo último en lo que pensaba era en colocarme.

Cuando la chica volvió a emerger de las profundidades apareció descalza, completamente sucia y dando claras muestras de haber estado fumando crack. Quiso colocarse en cuanto subió al coche.

«En mi coche no —dije—. Vamos a algún local donde haya un aseo.»

Fuimos a The Coffee Bean en Main Street, porque sabía que tenían un baño único con pestillo. No digo que esté orgulloso de ello, pero todavía puedo recitar de corrido veinte baños seguros en un radio de cinco kilómetros de esa zona que eran perfectos para chutarse. Le di la heroína y desapareció en el interior del cuarto de baño. Sabía que no tenía opciones de sacarla de Venice a menos que estuviera colocada. El riesgo de fuga era demasiado alto y no quería perderla.

Llamé a su padre.

«La tengo. ¿Qué hacemos ahora?»

Quería sacarla del país antes de que tuviera la oportunidad de huir y acabar de nuevo en las calles. Por no hablar de que formaban parte de una familia de Chicago vinculada estrechamente a la política y temían que sus nombres volvieran a aparecer en la prensa. Ya les había sucedido con uno de sus hijos, que había celebrado una enorme fiesta en la que sucedió algo muy gordo. El siguiente titular incluiría a su hija prostituyéndose en la calle por un poco de crack.

«Tú sácala de aquí —dijo—. No sé, tal vez podrías llevarla a Panamá. Su exnovio con el que se comunicaba por correo electrónico está allí.»

No tenía tiempo para discutir.

«¡Genial! Reserva esos putos billetes y nos largaremos enseguida.»

«De acuerdo. Ahora te llamo.»

Pasaron veinte minutos, y treinta. La chica continuaba encerrada en el cuarto de baño. El personal empezaba a enfadarse y a golpear la puerta para que saliera. La oía murmurar a través de la puerta, así que sabía que no había sufrido una sobredosis.

Al final, la chica que había en la barra dijo:

«Su amiga tiene que salir ya».

«Lo siento mucho, está enferma. —Llamé a la puerta—. Vámonos. Ya.»

Cuando finalmente abrió la puerta, la sangre le corría por ambos brazos y goteaba hasta el suelo. La arrastré hasta el aparcamiento y la metí en el coche. Cuando miré al asiento del copiloto vi que estaba intentando clavarse la aguja.

«Lo siento, lo siento», dijo.

Resultaba obvio que no tenía ni idea de cómo chutarse adecuadamente y sabía que no conseguiría meterla en el avión de ninguna otra forma, porque el crack la había puesto demasiado paranoica. Agarré la aguja, se la introduje en la vena, tiré del émbolo para comprobar que sacaba sangre y empujé. Ni siquiera comprobé cuánta cantidad había cocinado. Su cuerpo se quedó completamente inerte.

Mierda. Acabo de cargarme a esta chica.

La abofeteé un par de veces y murmuró varias palabras que no pude comprender. Conduje hasta el AM/PM de Pico con la Cuarta y compré tres Red Bull. La forcé a abrir la boca y le hice tragar el líquido. Empezó a recobrarse.

Uff. Qué poco ha faltado.

Entonces sonó mi teléfono. Era su padre.

«No hay vuelos a Panamá hasta la medianoche.»

«Estás de broma.»

Miré el despojo humano que había sentado a mi lado. Estaba cubierta de sangre, vómito y Red Bull. Perdía y recobraba la conciencia intermitentemente. Yo había estado buscándola todo el tiempo, así que llevaba un día y medio sin dormir y no recordaba cuándo fue la última vez que había comido. Me costaba admitirlo, pero oler la heroína cocinada y chutársela en la vena me había causado gran impresión. Si añadimos el hecho de que había estado a punto de cargármela con una sobredosis, me encontraba al límite de mis posibilidades. ¿Qué carajo iba a hacer con ella hasta la medianoche?

Condujimos durante horas y paramos para recoger su maleta y su ropa en un centro tutelado en el que había estado ingresada antes de desaparecer en las calles de Ghost Town. Cuando ya no pude soportar más estar en el coche con ella, alquilé una habitación de hotel cerca del aeropuerto de Los Ángeles. Era la última habitación que les quedaba libre y el tipo de recepción me dijo que costaría 450 dólares por una noche.

«¿Estás tomándome el pelo? —dije—. ¿Es que no puedes dármela solo para esta tarde?»

Sus ojos se posaron en la chica y luego volvieron a mí.

«Lo siento, colega. Aquí no hacemos eso.»

«No, no, no, no la necesito para eso.»

«Ya, claro.»

«Muy bien. Pues dame esa puta habitación. —En cuanto entramos, llamé al servicio de habitaciones. Me moría de hambre—: Una ensalada César, por favor. Tráeme tu mejor bistec, al punto. ¡Y patatas fritas!»

La chica estaba dando cabezadas en la cama, pero consiguió musitar:

«Yo también tengo hambre».

«De acuerdo. Pues que sean dos raciones de todo eso —dije al teléfono. Después pregunté por puro antojo—: ¿Tenéis Coca-Cola en botella de cristal?»

«Sí.»

«Un momento. ¿De verdad tenéis Coca-Cola en botella de cristal?»

«Sí, señor, tenemos.»

Más pruebas de que Dios existe. Me encantaba la Coca-Cola en botella de cristal porque estaba hecha con azúcar de caña de verdad y me recordaba a cuando era niño.

«¡Que nos traigan dos, por favor!»

Colgué el teléfono y me acerqué hasta la chica, que murmuraba incoherencias y babeaba. Conseguí descifrar que preguntaba qué estábamos haciendo.

«Simplemente pasar el rato —dije—. Está todo bien.»

Cuando llegó la comida, me había cambiado el humor. Me alegraba mucho de haber encontrado por fin a la chica, sabía que estaba a punto de comerme un filete excelente, y, por si fuera poco, también me bebería una Coca-Cola en botella de cristal. Le di al camarero la mejor propina de su vida. El chico destapó los platos y salió de la habitación. Me senté para comer. Se me hacía la boca agua. Antes de poder dar el primer bocado, la chica se puso a llorar. No era capaz de utilizar el tenedor y el cuchillo. Me levanté y le corté unos trozos de bistec lo suficiente pequeños para que le cupieran en la boca y volví a sentarme para disfrutar de mi festín.

Estaba a punto de meterme en la boca el primer bocado cuando oí arcadas. Alcé la vista y vi a la chica vomitando por todas partes. Le grité y corrí al baño para conseguir una toalla. Intenté sujetarla sobre su cara para evitar mancharme. No hubo suerte. Vomitó una mezcla biliosa de Red Bull y bistec sin digerir en mis manos y brazos. No podía soportarlo más. La puse verde. Después, pensé en todas esas veces en las que fui yo quien vomitaba y se cagaba por todas partes, supuse que el karma me devolvía la jugada e incluso empecé a reír un poco.

Conseguí meterla en la bañera y abrí el grifo de la ducha. Una vez estuvo lo más limpia posible regresó a la cama.

«Necesito fumar», dijo.

Yo sabía que se refería a fumar heroína y en ese momento no me importó en absoluto. Tenía que conseguir que subiera a un avión y sacarla del país sin que se percatara de lo que sucedía, y si estaba colocada probablemente resultaría más sencillo. Cuando llegó la hora tomamos un taxi hasta el aeropuerto. Mi coche permaneció en el hotel durante treinta y nueve días. Una vez que llegamos al control de seguridad tenía que aguantarla para que no cayera. Un agente de la TSA nos detuvo.

«¿Qué pasa aquí?»

«Lo siento mucho —respondí—. A mi amiga le aterra volar. Ha tomado un montón de Xanax.»

«¿Tiene receta médica para tomar ese Xanax?», inquirió otro de los agentes.

Lo miré a los ojos con firmeza y dije:

«Por supuesto».

«Adelante», dijo al tiempo que nos daba la señal para que pasáramos.

La chica iba hasta la cejas y tenía marcas recientes de haberse chutado por todo el brazo, pero era tarde. Seguramente estaban exhaustos. Conseguimos subir a ese avión y permaneció inconsciente durante las seis horas que duró el vuelo hasta Panamá. No me atrevía a cerrar los ojos por miedo a que muriera mientras dormía.

Cuando aterrizamos prácticamente tuve que llevarla en brazos. Su exnovio nos recogió y nos llevó a la ciudad de Panamá, hasta un barrio antiguo llamado El Cangrejo. Había alquilado un apartamento minúsculo en un piso diecisiete de un edificio que tenía barras de acero en todas las puertas y ventanas.

Una vez que entramos y cerró la puerta con llave, pude relajarme al fin y se la entregué a su exnovio.

«Colega, llevo un montón de días sin dormir —le dije—. Me muero de hambre. Necesito darme una ducha. Tengo que lavarme los dientes. La boca me sabe como si me hubiera tragado a un muerto. Estoy cubierto de heroína, sangre, vómito y sudor por todas partes.»

«Sin problemas.»

Me enseñó la habitación del fondo, la única que tenía aire acondicionado. Me di la ducha más larga de mi vida, subí el aire y me quedé dormido. Cuando desperté, la chica seguía durmiendo. Su exnovio y el hermano de este estaban vigilándola.

Rescaté su bolso y el pasaporte y se los entregué al hermano.

«Hazme un favor, ve al FedEx más cercano y haz que envíen esto a sus padres esta noche.»

Una vez hecho eso, le resultaría imposible escapar y regresar a Estados Unidos. Acabó despertándose un par de horas más tarde. Miró a su exnovio y después me miró a mí. Su mirada vagó de uno a otro varias veces, intentando descifrar qué estaba pasando.

Finalmente, me preguntó:

«¿Qué coño es esto? ¿Dónde estamos?»

«Estamos en Panamá», dije.

Eso hizo que se despertaran todas sus alarmas.

«¿Dónde están mis cosas? ¿Dónde está mi bolso? ¿Dónde está mi pasaporte?»

«En este momento probablemente van de camino a casa de tus padres.»

Se abalanzó sobre mí y me atacó. Su exnovio y yo tuvimos que force-jear con ella hasta que se le acabó el fuelle, después la inmovilizamos en el suelo hasta que se quedó quieta. Cuando estuvimos seguros de que se le habían quitado las ganas de pelear, hice un aparte con su exnovio para hablar de cuáles eran los siguientes pasos a seguir.

Ella se incorporó, me miró y dijo con mucha calma:

«Pienso matarte en cuanto te duermas».

Sacamos del apartamento todos los objetos punzantes. Bolígrafos, cuchillos, tenedores, incluso las cucharas. Tardó dos semanas en pasar la parte más dura del síndrome de abstinencia. No nos dirigió la palabra durante toda esa parte del proceso, aparte de varios incidentes en los que se colgó del antepecho de la ventana y amenazó con saltar si no la dejá-bamos regresar a Estados Unidos. Cuando finalmente volvió a hablar con nosotros fue para decir cosas como:

«Quiero volver a casa.» «Que os follen.» «Os odio.» «Quiero colocar-me.» «Os odio a muerte.»

La mayoría de las veces mantuve la calma, pero en más de una oca-sión tuve que tirarla al suelo y agarrarla del cuello con una llave hasta que se quedara quieta. Le pegué dos veces, pero solo en defensa propia. Pue-de que fuera una yonqui, pero había sido gimnasta y era más fuerte que muchos chicos con los que me había peleado.

Al final, permanecí en ese apartamento durante treinta y ocho días. Dormía todas las noches con un ojo abierto. Después de eso, transcurrie-ron varios meses en los que viajaba a Panamá cada semana para supervi-sar sus progresos. Cada vez que la visitaba la veía mejor, hasta que al fi-nal era una persona completamente diferente, una joven hermosa y floreciente.

Somos grandes amigos y tengo el placer de decir que ya no quiere matarme.

Siempre que me encontraba en Malibú y podía desatender mis obligacio-nes como cuidador de drogadictos visitaba el Vitamin Barn. La comida sana constituía una parte importantísima en mi recuperación, pero si iba

allí era más que nada por ver a Hayley. Cierto día estaba sentado balbu-
ciendo algo sobre una película que quería ir a ver.

Hayley me dijo:

«Mira, si quieres mi número de teléfono vas a tener que pedírmelo».

Me quedé paralizado.

«Ah, claro. ¿Puedes darme tu número de teléfono?»

Lo anotó en un papel y me lo entregó.

Como ha quedado perfectamente claro, puedo ser un completo idiota y no perdí la oportunidad de demostrarlo.

«Deberías escribir tu nombre en el papel, porque muchas chicas me
dan su teléfono.»

Un desconocido que lo oyó se dio un manotazo en la frente y negó
con la cabeza. Hayley simplemente se alejó de mí. Esperé los tres días
obligados para llamarla. Cuando finalmente marqué su número de teléfono sentía como si tuviera ganas de vomitar. Le pregunté si quería ir a
ver una película que acababan de estrenar: *La ciencia del sueño*.

«Sí, claro. ¿Cuándo?»

Por Dios, por Dios, ¿cómo puede tomárselo con tanta naturalidad?

La recogí y fuimos a comer *sushi* al restaurante Kushiyu.

Cuando nos trajeron la comida, apenas pude comer. Hayley comía
más que ninguna chica que yo hubiera conocido. Me quedé pasmado al
ver cuánto zampaba. A la mayoría de las mujeres les daría vergüenza comer tanto. Joder, incluso la mayoría de los chicos se avergonzaría de ello.
Quedé profundamente impresionado. Fuimos a ver la película, que hablaba sobre un chico que estaba enamorado de una chica, pero tenía miedo de decírselo, y a ella le sucedía lo mismo. Fue increíble. Quien no la
haya visto no debería perdérsela. Y un auténtico golazo por toda la escua-
dra como película para ver en una primera cita. A veces el universo simplemente se alía contigo.

Esa noche, mientras la llevaba a casa en el coche, no era capaz de
articular bien mis pensamientos. Había pasado horas antes de nuestra
cita recopilando canciones en un CD para disfrutar de la banda sonora
perfecta, y no podía parar de imaginarnos juntos en el coche, agarrados
de la mano y disfrutando la música completamente extasiados. Cuando

puse en marcha el reproductor no pude contenerme. Empecé a cantar a voz en cuello las letras y a llevar el ritmo con el pie mientras conducía, dando golpes en el volante y cantando a grito pelado. Es decir, haciendo el ridículo a más no poder.

A Hayley no pareció incomodarle en absoluto. Cuando llegamos a su casa, no intenté abrazarla ni besarla. Simplemente me despedí de ella. Durante las siguientes semanas estuvimos saliendo casi cada noche, siempre con el mismo resultado de la primera cita. Me despedía de ella y me marchaba en el coche. Había una diferencia de edad considerable, dieciocho años para ser exactos, pero incluso sin contar con eso me parecía que ella estaba totalmente fuera de mi alcance. No me importaba. Me conformaba con que fuéramos amigos, pero seguía soñando con caminar juntos de la mano, con ir agarrados de la mano en el coche, o haciendo cualquier cosa, a decir verdad.

Cuando trabajaba en The Canyon, había ayudado a un jugador de *hockey* a desintoxicarse antes de que fuera a las Olimpiadas. Estaba de visita en la ciudad y me invitó a que fuera a verle jugar, así que, obviamente, le pedí a Hayley que viniera conmigo. En el descanso antes del segundo tiempo, o como quiera que lo llamen en *hockey*, subimos a comer algo y ella se inclinó sobre mí y dejó su mano reposando sobre mi hombro. Me quedé sin respiración. Comí un par de patatas fritas mientras me obligaba rápidamente a desechar mi miedo al rechazo y después me acerqué a ella y la besé. Hayley correspondió a mi beso.

Tras el partido fuimos a una fiesta en el Standard Hotel del centro de Los Ángeles. Estábamos en la terraza del edificio, contemplando el horizonte angelino. Yo balbuceaba nerviosamente sobre Dios sabe qué cosa cuando ella se volvió hacia mí y empezó a besarme. Permanecimos horas besándonos en aquella terraza.

10

Seguía viviendo en secreto en el ala desocupada de la casa de Robbie, una situación que no es la ideal cuando tienes novia formal. Entraba a hurtadillas después de las once de la noche y me marchaba a las siete de la mañana para asegurarme de que Lori, la mujer de Robbie, no me viera. Ya tenían suficientes problemas entre ellos —de hecho, Lori dormía en la casa de los invitados— y lo último que deseaba era crearles más.

Hasta que una mañana me quedé dormido. Mi habitación estaba en el piso de arriba y tenía todas las ventanas abiertas. La casa de invitados en la que dormía Lori quedaba justo debajo y también había abierto las ventanas. Vi que se apoyaba en el antepecho de una de ellas para hacer una llamada por teléfono. Mi móvil empezó a emitir un sonido prolongado y estruendoso.

Mierda, mierda, mierda.

Me dio la impresión de que me había visto. Me oculté bajo la ventana y contesté.

Lori siempre hablaba muy alto y oía su voz mejor desde la casa de invitados que a través del teléfono. Empezó a vociferar que se marchaba con Robbie a Nueva York y después irían a Europa. Quería que una persona responsable permaneciera en la casa y cuidara de sus cosas.

«¿Puedes quedarte tú?», preguntó.

Hablé en voz muy baja y con la boca tapada.

«Sí, claro.»

Se percató de que había algo raro.

«¿Es mucho pedir? Si no puedes, no pasa nada. Te pagaré.»

«No, no, no», murmuré.

Era todo demasiado surrealista. Se ofrecía a pagarme por hacer lo que llevaba haciendo casi un año sin que ella lo supiera. Cuidé la casa mientras estaban de viaje y cuando regresaron simplemente me quedé. Permanecí allí en total un año y medio, que abarcó mi período en The Canyon, el tiempo que pasé trabajando como consejero de rehabilitación y realizando extracciones y enamorándome locamente de Hayley, hasta que Robbie y Lori empezaron a pelearse por la venta de la casa. Ella quería vender, y Robbie, quedarse, con lo que discutían sobre ello sin cesar.

Estaba plenamente convencido de que necesitaría buscar otro alojamiento, lo cual era terrible. Jamás podría volver a vivir sin pagar alquiler en una finca de Malibú tan increíble como aquella. Era una casa de 650 metros cuadrados con playa privada, dos casas para invitados y una piscina de agua salada. Un día, mientras Robbie y Lori discutían por ello a gritos, tuve una visión, un momento de inspiración, o una señal divina, como les gusta decir en el programa de los doce pasos.

Los interrumpí discretamente.

«Yo os alquilaré la casa.»

Dejaron de discutir, al menos durante un momento.

«¿Cómo vas a permitírtelo?», preguntó Lori.

«Os pagaré diez mil dólares mensuales.»

El precio justo en el mercado habrían sido quince mil dólares, tal vez veinte mil.

«¿Cómo piensas pagarlo?», insistió Lori.

«Puedo pagarlo. Venderé todo el oro que tengo. Su precio ha subido mucho. Tengo más que suficiente. Si podéis darme dos meses de carencia para empezar, repararé lo que haga falta. La pintaré, la dejaré como nueva. Quiero convertir esta casa en el mejor centro tutelado de Malibú.»

Sabía que había muy pocas probabilidades de que aceptaran. Contuve el aliento mientras esperaba a su respuesta.

«De acuerdo. Tú solo asegúrate de no destruirme la casa.»

«No lo haré. La cuidaré muy bien.»

Estaba a punto de desfallecer mientras subía las escaleras para empezar a planificar la apertura de mi propio centro de desintoxicación, al que llamaría Riviera Recovery.

Los pacientes empezaron a llegar antes incluso de que tuviera el sitio pintado y remodelado. Para aquel momento ya tenía multitud de contactos en la comunidad de las terapias de desintoxicación y sabían que mi especialidad eran los casos difíciles. Jamás acepté la idea de que alguien estaba demasiado acabado para salvarse, siempre que quisieran recibir ayuda. Y, si querían, yo estaría dispuesto a amarlos incondicionalmente y hacer cuanto estuviera en mi poder para mostrarles que la vida podía ser divertida, emocionante y plena de sentido sin necesidad de drogas ni alcohol.

Mis métodos eran muy poco ortodoxos. Llevaba a los pacientes a conciertos, a Las Vegas, a balnearios, al festival de Coachella y a Hawái. Un año incluso me fui con unos cuantos a las Bahamas y estuvimos un mes entero en un yate navegando de isla en isla.

Rompí un sinfín de reglas. Todas ellas, probablemente. Había muchos que me criticaban, a mí y a mis métodos, pero no me importaba. Funcionaban. Y mucha gente se recuperaba.

La mayoría de los días llevaba a mis pacientes a hacer surf de remo y los otros a clases de yoga. Realizábamos ayunos y limpiezas de tres semanas con zumos naturales, dieta crudívora e hidrocolonoterapia. A algunos de ellos los llevaba a un sitio de Santa Mónica donde nos extraían sangre, la introducían en una botella de cristal y le insuflaban ozono hasta que adoptaba un color rojo brillante y volvían a inyectarla en nuestras venas. Pasábamos casi todo el día en una sauna que irradiaba rayos infrarrojos y llevábamos una dieta que propiciaba la terapia de quelación. Todos pensaban que estábamos completamente mal de la cabeza, pero quienes lo vivíamos parecíamos estar cada vez más sanos y rejuvenecidos.

Riviera Recovery era un éxito. Cuando tuve suficiente dinero ahorrado, le compré un billete de avión a mi madre para que fuera a Polonia y visitara a su familia después de casi cuarenta años. A su regreso, el viaje le había refrescado la memoria lo suficiente para que pudiera contarme historias elaboradas acerca de su infancia, la guerra, Kazajistán, Siberia. Me hizo mucha ilusión poder ofrecerle un regalo con ese viaje, pero el que yo recibí a cambio fue inconmensurable. La conocí en profundidad como nunca antes. Así que gracias, mamá. Y siento haber sido una pesadilla tan terrible…

En parte, mi sueño de abrir un local de zumos naturales se había hecho realidad a pequeña escala en la cocina de Riviera Recovery. Preparaba batidos con superalimentos todos los días para la mayoría de los pacientes, y pronto llegó a tal punto que tenía a quince personas haciendo cola por la mañana esperando que llegara su turno. Algunos de ellos ni siquiera eran pacientes, sino vecinos, o chavales para quienes había sido mentor en su momento y que seguían viniendo.

No todos mis pacientes estaban encantados con mis métodos. De hecho, muchos de ellos eran extremadamente obstinados. Sus padres o el tribunal les obligaban a acudir a un centro de desintoxicación y no tenían interés alguno en recuperarse. Se trataba de casos muy dolorosos, y mis relaciones de codependencia e inseguridad propias hacían que me sintiera fracasado. Sarah era la toxicómana más brutal que he conocido en mi vida. De hecho, mi historia comparada con la suya parecía un juego de niños.

Cuando Sarah llegó a Riviera Recovery fumaba sin parar y se atiborraba con todo tipo de antidepresivos. Lo mejor que podía hacerse con ella era agarrar una pala y cavar su tumba. No cesaba de repetir lo mismo durante todo el día: «Me importa una mierda, quiero colocarme. Me importa una mierda, quiero colocarme».

Ese era su mantra. Cuando no estaba recitándolo se plantaba en medio de la cocina y empezaba a reírse de nosotros.

«Qué idiotas sois los de Malibú con vuestro trigo germinado y vuestros putos chupitos de vitaminas. Todos los que estáis aquí conducís Bentleys. Menuda gilipollez. Sois todos unos falsos. Que os den.»

Yo la quería de todas formas. Sabía que bajo esa fachada desafiante moría en su interior y echaba de menos a sus hijos, a quienes la justicia le había arrebatado. Tenía un juicio pendiente enorme para determinar si ingresaría en prisión y si volvería a conseguir la custodia de sus hijos, y se veía claramente que eso la estaba destrozando. Quería ayuda. Podría haberse marchado cuando quisiera, pero no lo hizo. Así que estaba dispuesto a ayudarla.

Tardé unos seis meses en conseguirlo. Seis meses en los que se mantuvo en vela toda la noche y durmiendo por las mañanas, fumando sin cesar y alimentándose a base de comida basura y chucherías. Pero advirtió lo que los demás hacíamos, el efecto que tenía en nosotros, y un día apareció por la cocina y me vio bebiendo un vaso entero de vitaminas líquidas de Premier Research Laboratories. El lote mensual valía unos seiscientos dólares.

«¿Qué es esa mierda?», me preguntó.

«Esta mierda es lo mejor del mundo.»

«Tiene una pinta asquerosa», respondió.

«Bueno, no lo tomo porque tenga buena pinta, ni porque sepa bien. Lo bebo porque me hace sentir de puta madre.»

Con eso sí podía identificarse. La metanfetamina y la heroína tampoco saben bien, pero las tomaba porque le hacían sentir genial.

«¿Puedo beber un vaso?», preguntó.

Me sorprendió, pero tomé un vaso vacío inmediatamente y le puse una ración doble de todo lo que había en las diferentes botellas. Sarah se lo bebió y se marchó. Al cabo de dos minutos volvió.

«¿Puedo beber otro vaso?»

«No —contesté—. No puedes beberte otro puto vaso.»

«¿Por qué? Me ha hecho sentirme mucho mejor.»

«Sí, es lo que llevo diciéndote desde hace meses.»

«No, en serio —dijo—. Me siento muy bien.»

«Eso es solo el principio. Esto es una mierda comparado con cómo te sentirías si empezaras a comer sano de verdad.»

«¿Qué más cosas hay?»

«Te haré un batido.»

Le preparé un batido con calostro, mantequilla de almendras crudas, dátiles, miel cruda, polen de abejas y jalea real. Se lo tragó sin decir palabra, pero su cara me decía lo bien que le estaba sentando y cómo lo agradecía su organismo.

A la mañana siguiente me despertó llamando a la puerta de mi habitación.

«¿Podrías hacerme uno de esos batidos, por favor?»

En pocas semanas abandonó el tabaco. Al cabo de dos meses dejó de tomar antidepresivos, contraviniendo las órdenes del médico. La transformación que estaba viviendo solo podía calificarse como milagrosa. Me enamoré de ella completamente; no solo yo, también Hayley. Desarrollamos un vínculo afectivo y una amistad fantástica con ella. Hoy vive en una casa preciosa en compañía de sus hijos.

Hace casi siete años que no prueba el alcohol ni las drogas. Es una de mis mejores amigas, una madre excelente, y, tras muchos años de hacer sufrir un infierno a sus padres, ahora también es una excelente hija. Sus progenitores la quieren con locura, especialmente Steven, su padre, que también es un gran amigo y referente para mí. En enero de cada año hacemos un viaje juntos para celebrar el milagro de su desintoxicación. Sarah va a la iglesia dos veces por semana y el año pasado comenzó el primer mercado de agricultura ecológica en la ciudad en la que vive.

Nada podría mejorar eso.

Aunque me encante ayudar a la gente, empezó a pasarme factura. No había límites para lo que hacía por cualquiera que quisiera mantenerse sobrio y viviendo una vida sana. Participar en su recuperación era una experiencia mágica. Pero hay gente que simplemente no tiene interés alguno en cambiar. Entraban en un centro tutelado porque querían recuperar sus juguetes, sus novios o novias, sus esposas, sus casas, o librarse de la justicia, o que sus padres dejaran de molestarlos, pero no les interesaba el cambio real en absoluto. Muchas de estas personas hacían lo que en Malibú llamamos «La gira». Ingresaban en un centro como Promises para realizar un centrifugado rápido de treinta días, aunque muchos ni siquiera aguantaban ese período. Después, su familia los metía en otro centro que costaba sesenta mil dólares al mes y repetían el proceso de nuevo. No era raro tener pacientes que habían visitado entre diez y quince centros en los últimos cinco años.

Si alguien quiere cambiar puede hacerlo, pero tiene que enfrentarse a la rendición. Cualquiera puede cumplir durante cierto período de tiempo. De hecho, los drogadictos y los alcohólicos son maestros en el arte de usar máscaras y en complacer a los demás.

Pero permanecer en un estado de rendición precisa humildad, un rasgo no demasiado común entre la gente de mi calaña. Nos metemos en problemas, juramos a Dios que jamás volveremos a hacerlo, suplicamos ayuda y realizamos promesas aparentemente indestructibles ante nuestro yo más profundo y el resto del mundo. Y, después, el ego entra en acción con su increíble habilidad para pasar por encima de la experiencia, y volvemos a encontrarnos, una vez más, borrachos y colocados. Porque en lo más profundo de nuestro ser no queríamos cambiar desde un primer momento.

Presenciaba esto continuamente en Riviera Recovery. La gente entraba con el rabo entre las piernas y hacían diez mil promesas, sobre que lo único que querían era estar limpios y sobrios y vivir una buena vida, y suplicaban por favor que les ayudara. Después, en cuanto habían deshecho los equipajes y sus padres estaban en el avión, de regreso a allá de donde hubieran venido, empezaban a saltarse las reglas, a hacer caso omiso al toque de queda, a negarse a ir a las reuniones, etcétera.

Algunos de ellos eran personas tóxicas, vampiros espirituales que vivían en un estado de miseria constante y tenían demasiada pereza para hacer algo al respecto, así que infligían dolor a los demás y provocaban situaciones dramáticas constantemente. Aquello empezó a hacer enfermar mi alma. Las familias me pagaban para ayudar a esos pacientes a desintoxicarse, y yo sabía que no harían esfuerzo alguno, que no habría progresos y que al final acabarían colocándose de nuevo. Me corroía por dentro. Me parecía dinero manchado con sangre. Le chupaban la vida y el entusiasmo a los pacientes que querían cambiar de verdad, después se marchaban, recaían, ingresaban en otro centro y vuelta a empezar.

Al cabo de cinco años, Riviera Recovery empezó a convertirse en un sitio oscuro para mí. Comencé a percatarme de que cada vez tenía más canas y un dolor constante en el cuello y las lumbares, por no hablar del estrés que imprimía a mi relación con Hayley, que estaba harta hasta el punto de decir «basta».

La gota que colmó el vaso fue cuando uno de mis mejores amigos, que dirigía el centro por mí, empezó a desinteresarse. Simplemente dejó de seguir las directrices y permitió que todo se derrumbara. No me habría importado si se tratara de un simple empleado, pero era uno de mis mejores amigos. Lo quería y no podía entender por qué actuaba de tal modo. Después descubrí que había recaído y había estado colocándose todo ese tiempo.

Vendí Riviera Recovery a precio de ganga a un chico que había crecido en Malibú en la pobreza absoluta. Años antes nos habíamos colocado juntos, y él, como yo, también se había desintoxicado y le iban muy bien las cosas. Oyó que quería vender y me preguntó si podía comprarlo con su socio. No tenían mucho dinero, pero no me importó. Me pareció genial que me relevara en ello un tipo con un pasado parecido al mío y que tenía orígenes muy humildes. Su socio y él han realizado una increíble labor en aquel lugar desde entonces. Sigo asistiendo allí a las reuniones de los doce pasos y lo veo a menudo.

Hubo muchas ocasiones en mi vida en las que pasé por un cambio radical sin tener idea de lo que haría después. Cuando dejé el instituto. Cuando me trasladé de Ohio a California. Cuando me despidieron de The Canyon.

Esta vez no.

Esta vez sabía perfectamente lo que haría.

En 2011 habían quedado libres un buen número de locales en Point Dume Village, un viejo centro comercial de Malibú. El nuevo propietario había desalojado un antro de mala muerte y a varios arrendatarios más, y el complejo en su conjunto necesitaba urgentemente un aire nuevo. Había llegado el momento de hacer realidad mi sueño. Era la hora de abrir SunLife Organics. SunLife, la vida al sol. Y como emblema usaría el loto rosa, una hermosa flor que nace entre la suciedad y el fango.

Como con cualquier otra pasión que había tenido en la vida (la música, las mujeres, las drogas), perseguí incansablemente la apertura de un bar de zumos en el que todo fuera natural y orgánico. Estaba obsesionado con hacerlo realidad, a pesar del hecho de no tener ningún plan de negocio, financiación, ni idea de cómo llevar un establecimiento de hostelería. Jamás habría sucedido sin la ayuda de Hayley, pero, para ser completamente sinceros, he de decir que estuvo a punto de costarnos la relación.

Pocos meses después de comenzar la aventura, el estrés de abrir el negocio provocó la mayor pelea que hayamos tenido nunca. Tenía miedo al fracaso y necesitaba culpar a alguien, así que le grité y le dije que tomara el dinero que había en la caja fuerte y saliera de mi casa y mi vida. Nuevamente, intentaba acabar las cosas en mis propios términos antes de que sucediera sin que yo pudiera controlarlo. Es difícil desterrar las viejas costumbres.

Aquella noche, Hayley durmió en la habitación de invitados, y a la mañana siguiente me dijo:

«No vuelvas a hablarme jamás de ese modo».

«De acuerdo», le dije.

Nunca más volví a hacerlo.

Gracias a Dios, decidió quedarse conmigo.

Por aquel tiempo la economía seguía cayendo y parecía que jamás se recuperaría, pero no permitimos que eso nos perturbara. Seguimos adelante con nuestro plan de conseguir los mejores ingredientes y productos del planeta, emplear a chavales del lugar y pagarles bien, disponer de un lugar al que los amigos y vecinos pudieran acudir en comunidad.

No paraba de decirle a Hayley: «Si conseguimos tener cien clientes al día, lo conseguiremos».

¿Por qué cien? No tengo ni idea. Jamás realicé proyecto económico alguno, ni cálculos de pérdidas y beneficios. Ni siquiera sabía lo que esas palabras significaban. Simplemente imaginaba que cien personas eran muchas, sin que pareciera demasiado idealista.

Un año y muchos sobresaltos en el camino después, estábamos preparados para abrir las puertas.

«Cien personas», me repetía constantemente, sobre todo a mí mismo. «Solo cien. Con eso bastará.»

El día antes de que abriéramos, un autobús escolar aparcó a la entrada y dejó salir a decenas de niños. Corrieron a la puerta e intentaron entrar, pero estaba cerrado. Me faltó poco para decirles que todavía no habíamos abierto, pero se veía mucha alegría y emoción en sus rostros, así que no pude decirles que se marcharan.

Su cuidadora llegó corriendo e intentó llevarse a los niños.

«Vamos, chicos. Dejadlos tranquilos. Ni siquiera han abierto todavía.»

«No, no. No pasa nada —dije—. Les prepararé algo.»

«No, no sea ridículo —contestó—. No tiene que hacerlo.»

«Lo sé, pero quiero hacerlo.»

«De acuerdo —dijo—. Tengo dinero para pagar lo que le pidan.»

«No se preocupe por eso. La caja todavía no está funcionando. Entren.»

Creo que yo estaba más emocionado que los niños. ¡Había gente que quería entrar a nuestra tienda! Mezclamos unos cuantos batidos y los servimos con yogur orgánico helado. Los niños eran muy simpáticos y educados, y la mujer no paraba de darnos las gracias.

«Nosotros, con que hayan pasado por aquí, ya estamos contentos», dije.

Los niños salieron una vez que servimos a todos.

Hayley, el par de chavales a los que habíamos contratado y yo pudimos darnos un respiro al fin y no parábamos de sonreír. Era un poco surrealista ver que nuestro sueño se ponía en marcha al fin.

La cuidadora de los niños volvió al interior.

«Hace un día precioso fuera. ¿Pueden salir un momento? Los niños quieren darles las gracias.»

Cuando salimos a la calle, los niños estaban todos reunidos. Rompieron a cantar a capela sin previo aviso. Pertenecían a un coro de Gospel y cantaron su agradecimiento con unas armonías gloriosas. Salió gente de otros establecimientos para escucharlos. Las lágrimas surcaban mi rostro. Abriríamos las puertas al día siguiente y me había estresado mucho pensando que tal vez no tendríamos un solo cliente.

Al oír a esos niños cantar pensé: «Esto va a salir bien. Estoy convencido de que esto saldrá bien».

Aquella noche no pude conciliar el sueño. Llegamos a SunLife Organics a las cinco de la mañana, tres horas antes de la hora a la que habíamos previsto abrir. No quería llevarme una desilusión, así que bajé mis expectativas de tener cien clientes.

«Por favor, que aparezcan simplemente veinte personas. Por favor, con que aparezca alguien me conformo.»

A las siete de la mañana un hombre se acercó a la puerta y miró hacia el interior.

Corrí hasta allí y abrí la puerta.

«¡Eh, es usted nuestro primer cliente!»

«¿Cliente? —dijo—. Yo no soy su cliente. Ni siquiera sé que es esto.»

«Esto es SunLife Organics.»

«Vale, y eso ¿qué quiere decir?»

«Ejem... —dije—, significa la vida al sol, y...»

«No, ¿qué venden? Ni siquiera sé lo que tienen aquí. Iba de camino a Subway para desayunar. Solo quería echar un vistazo.»

«¿*Subway*? —dije—. No. Yo le prepararé algo.»

Le hice un Green Man, una de nuestras recetas particulares, un batido lleno de fresas, plátanos, col *kale*, zumo de manzana y concentrado de verduras. El tipo observaba cómo lo preparaba con cara de escepticismo.

«Nunca he tomado ningún batido antes», dijo.

«Pues es bueno que empiece con el mejor.»

«Pero no me gustan las verduras.»

«Esto sí le gustará.»

Le dio un pequeño sorbo y después un largo trago.

«¡Está buenísimo!»

«¿Por qué parece sorprenderle tanto?», le pregunté.

«Porque tenía un aspecto asqueroso. Pero llevaba usted razón, está delicioso y soy oficialmente su primer cliente.»

No quería aceptar su dinero, pero insistió en pagarme. Resultó que era un dentista que tiene la consulta cerca y desde entonces ha venido todos los días. Fue nuestro primer cliente y sigue siendo uno de nuestros seguidores más fieles. Podéis ver muchos de los artículos que ha escrito sobre nosotros en MalibuPatch.com.

Como el día había empezado tan bien, me permití soñar un poco. Tal vez llegáramos a los cien clientes. Cuando abrimos las puertas oficialmente a las ocho de la mañana había gente haciendo cola fuera. Ese día servimos a más de doscientas cincuenta personas.

Todavía teníamos un montón de detalles que pulir, pero nuestros clientes se mostraron increíblemente pacientes y comprensivos. Dios les guarde a ellos y a los hermosos chavales que trabajan allí y consiguen que SunLife Organics llegue a ser como es. Ellos personifican todo lo que yo esperaba que fuera y más. Gracias a su brillante energía y pasión por la vida, el sueño ha evolucionado hasta convertirse en algo mucho más extraordinario de lo que yo había imaginado.

Actualmente, hay abiertos cuatro SunLife Organics y un quinto en camino. Todos ellos van viento en popa. Acabamos de firmar un acuerdo de siete cifras que asegura que en 2017 podremos abrir seis establecimientos más. Tengo a mi cargo a ciento treinta empleados, lo cual es un milagro en sí mismo, teniendo en cuenta dónde me encontraba hace doce años y que yo mismo soy literalmente imposible como empleado.

El yoga sigue siendo una parte muy importante en mi vida. De hecho, abrí mi propia sala para la práctica de yoga hace dos años, justo encima del primer SunLife Organics, a la que he llamado Malibu Beach Yoga. Era una forma más de ser útil a la comunidad, pero también sirve para asegurarme de que continúo con la práctica. Una de las profesoras más importantes en ese centro es la hermana de Jennifer.

Solo existe el camino recto y estrecho. Es un poco tonto que tardara tanto en llegar a esta conclusión. Tardé años en hacerlo, décadas, de hecho. Experimenté con gran cantidad de alucinógenos y otras drogas. Practiqué todas las formas de yoga y respiración habidas y por haber. Compré todos los libros, probé con todas las religiones, visité a curanderos y chamanes, viajé al interior de torbellinos, compré cristales y aparatos que pensaba que podrían curarme valorados en decenas de miles de dólares: láseres, cuencos tibetanos, pendientes y pulseras, CD y archivos digitales para meditar. Viajé por la India sin parar durante semanas y semanas. Pasé un mes en Indonesia de isla en isla, haciendo yoga y rezando mantras. Me han abrazado santones autoproclamados y he realizado el curso de Meditación Trascendental.

Al final, solo existe el camino recto y estrecho. Lo único que siempre tuve que saber estaba escrito en la Biblia, y es amar a Dios sobre todas las cosas y al prójimo como a uno mismo. Eso es todo. Esa es toda la verdad. Nunca necesité saber más sobre espiritualidad ni sobre Dios.

Solo hay alguien que pueda juzgar quién soy y qué soy, y ese es el Creador. Creo que todos nosotros nos quedaremos boquiabiertos cuando exhalemos el último aliento y cuando nuestras convicciones se desintegren ante la verdad unificadora y real de nuestra existencia imperecedera. Pero, por ahora, aquí en esta tierra, me alegro de comprender al fin que solo existe el camino recto y estrecho, el camino del amor, la verdad, la compasión, la amabilidad y el trabajo duro. Ningún día alcanzo los objetivos, pero cada mañana, cuando se me ofrece el don de un nuevo intento, hago un pacto conmigo mismo para esforzarme al máximo.

Me entristece mucho pensar en lo poco que ha faltado para que me perdiera todo esto. Hice que mi vida fuera un desperdicio tan absoluto que ni siquiera supe suicidarme correctamente. Y en medio de toda esa locura, de toda esa gracia y del hermoso proceso de recuperación que ha tenido lugar durante los últimos doce años, olvidé morir.

Ahora recordaré la vida por siempre.

Información sobre el autor

KHALIL RAFATI es conferenciante, autor y un emprendedor en el campo de la salud y el bienestar. Ha trabajado como paseador de perros, cuidador de drogadictos, limpiador de coches, ebanista, consejero de rehabilitación, gerente de restaurante y traficante de drogas. Actualmente, es propietario de Malibu Beach Yoga y de SunLife Organics, una popular cadena de zumos y licuados de California en continuo crecimiento. También es el fundador de Riviera Recovery, un centro para la reinserción en la sociedad de drogadictos y alcohólicos, y miembro de la dirección del Monasterio Tashi Lhunpo de Bylakuppe, India.

ECOSISTEMA DIGITAL

www.edicionesurano.com

2 AMABOOK
Disfruta de tu rincón de lectura
y accede a todas nuestras **novedades**
en modo compra.
www.amabook.com

3 SUSCRIBOOKS
El límite lo pones tú,
lectura sin freno,
en modo suscripción.
www.suscribooks.com

AB

SB
suscribooks

DISFRUTA DE 1 MES
DE LECTURA GRATIS

SB
suscribooks

AB

1 REDES SOCIALES:
Amplio abanico
de redes para que
participes activamente.

4 APPS Y DESCARGAS
Apps que te
permitirán leer e
interactuar con
otros lectores.

 iOS